双曲拱桥危桥评价与加固技术

潘　华　薛幸伟　曹爱华　主编

黄河水利出版社
·郑州·

内 容 提 要

本书结合作者多年的科研工作和工程经验,对双曲拱桥危桥加固技术进行了深入的探讨。介绍了双曲拱桥研究现状及分类指南、双曲拱桥调查依据和调查方法、双曲拱桥危桥技术评价方法;并结合桥梁工程实例介绍了双曲拱桥危桥资料调查收集和技术分析、双曲拱桥危桥加固建议及对策研究;最后介绍了双曲拱桥危桥加固技术及实施方案、双曲拱桥危桥加固效果检测评价、双曲拱桥工艺保护和动态跟踪监测。

本书可供桥梁相关专业的科研人员、工程技术人员、高校学生等参考使用。

图书在版编目(CIP)数据

双曲拱桥危桥评价与加固技术/潘华,薛幸伟,曹爱华主编.—郑州:黄河水利出版社,2019.2

ISBN 978-7-5509-2275-4

Ⅰ.①双… Ⅱ.①潘… ②薛… ③曹… Ⅲ.①双曲拱桥-加固 Ⅳ.①U448.225.7

中国版本图书馆CIP数据核字(2019)第031348号

出 版 社:黄河水利出版社　　网址:www.yrcp.com

地址:河南省郑州市顺河路黄委会综合楼14层　　邮政编码:450003

发行单位:黄河水利出版社

发行部电话:0371-66026940、66020550、66028024、66022620(传真)

E-mail:hhslcbs@126.com

承印单位:虎彩印艺股份有限公司

开本:787 mm×1 092 mm　1/16

印张:3.5

字数:81千字

版次:2019年2月第1版　　印次:2019年2月第1次印刷

定价:20.00元

《双曲拱桥危桥评价与加固技术》
编委会

主任委员：梁全富

副主任委员：孙红宇　申　磊　王继波　康　健

编　　委：黄乐乐　倪宏涛　施文龙　何　华　焦　斌　白成毅
崔亚新　拓宁博　杨　昊　刘尚杲　唐国斌　于　浩
秦云鹤　梁柯峰　胡晓伟　陈传广　刘　贺　高　建
汪德才　赵小九

主　　编：潘　华　薛幸伟　曹爱华

副 主 编：李　庆　周远海　平瑞锋　祝孝成

编写人员：马国俊　孙会刚　孙　博　王　强　苏　凯　朱晓军
马宝春　陈　晓　赵　华　丁　岩　冯志强　薛保贵
韩永明　梁婧媛　王　飞　王　亮　崔明伟　行　柯
韩艳红　刘晋华　吴　昊

前　言

双曲拱桥作为我国独有的、极具民族气息和特点的桥型，优点很鲜明：施工工艺简单、用料省、施工快速。在该桥型问世的特定历史背景下，20 世纪 60 ~ 70 年代大量修建，仅十余年时间，我国就修建了 4 000 多座双曲拱桥，总长约 35 万延米。但是双曲拱桥在快速推广应用的同时也出现了较多的问题，其主要的缺点就是整体性和耐久性差。随着社会经济的快速发展，交通量开始急剧增加，车辆超载现象也越来越严重，这使得大多数双曲拱桥处于超载服役状态。随着时间的推移，在外界不利环境的综合作用下，这些桥梁都产生了不同程度的病害，部分桥梁甚至已经成了“危桥”。然而，对这部分桥梁全部拆除显然是不经济的。因此，需要先对其进行检测，然后准确地找出产生病害的原因，最后针对病害选择合理的加固方法，从而提高桥梁的承载能力并延长其使用寿命。

综上可知，开展双曲拱桥危桥加固技术研究，成为时下迫切需要解决的问题。

本书共分为八章，主要介绍了双曲拱桥研究现状及分类指南、双曲拱桥调查依据和调查方法、双曲拱桥危桥技术评价方法、双曲拱桥危桥资料调查收集和技术分析、双曲拱桥危桥加固建议及对策研究、双曲拱桥危桥加固技术及实施方案、双曲拱桥危桥加固效果检测评价、双曲拱桥工艺保护和动态跟踪监测等内容。本书引用大量工程实例，侧重介绍了双曲拱桥危桥资料调查收集和技术分析、双曲拱桥危桥加固建议及对策研究。

本书编写人员及编写工作分工如下：第一章由潘华、薛幸伟、平瑞锋编写；第二章由曹爱华、马国俊、孙会刚编写；第三章由李庆、周远海、孙博、王强编写；第四章由祝孝成、苏凯、朱晓军、马宝春编写；第五章由陈晓、赵华、丁岩、冯志强编写；第六章由薛保贵、韩永明、梁婧媛、王飞编写；第七章由王亮、崔明伟、行柯编写；第八章由刘晋华、韩艳红、吴昊编写。全书由潘华、李庆统稿。

在本书编写过程中，潘华、祝孝成、申磊、李庆、曹爱华等承担了部分书稿的前期编写、录入和校核工作，于彭涛、乔建伟、杨永腾、余林涛进行了指导，吴纪东、侯志峰、孙伟民、杨永康、刘国华提供了技术上的支持，盛羽、侯双全、靳秋生、朱燕庭、刘哲红、周寄豫提出了内容和格式方面的建议，在此一并表示感谢！

双曲拱桥危桥加固技术是一项难度较大、复杂的课题，有许多基础工作尚需进一步解决。限于作者的研究水平，在很多方面还存在着不足及疏忽之处，恳请广大读者批评指正。

作　者

2018 年 11 月

目　录

第一章 双曲拱桥现状及分类指南

双曲拱桥(two - way curved arch bridge)指的是拱圈由纵向拱肋和横向拱波组成的拱桥,主拱圈的形式有单波、多波、多波高低肋等,拱肋截面有矩形、倒T形、I形、L形、薄壁箱形等。

1 400年前我国劳动人民建造了第一座拱桥,以后的1 000多年里,很多拱桥在我国相继建造,这在世界范围内都占有重要位置。中华人民共和国成立后,人们运用自己的智慧总结古代拱桥的建造经验,创造性地建造了一个新型拱桥——双曲拱桥。这种拱式桥梁到现在为止仍然是我国所独有的、极具中华气息与特色的一种桥型。在我国桥梁建造史上,双曲拱桥曾经发挥了重要的作用,也为我国的经济建设做出了很大的贡献。

我国第一座双曲拱桥建于1964年,是江苏省无锡建桥工人在无锡县东亭小河上建造的。此桥为平坦双曲拱农桥,全长仅9 m,桥宽1.5 m,矢度1/10,现场用预制钢筋混凝土构件组拼而成,为三条纵肋、二个拱波结构,可供当地手扶拖拉机通过。随后,全国各地纷纷效仿,建造了许多这样的新型桥梁,很快双曲拱桥就发展起来了。跨度达150 m长的双曲拱桥于1967年在河南嵩县建成,随后,跨度为116 m的罗依溪大桥和跨度110 m的泸定河大桥在湖南建成。长沙湘江公路大桥全长达1 250 m,浙江溪县兰江大桥全长达1 041 m,这些大跨度的特型双曲拱桥也相继建成。最为著名的是南京长江大桥的南北引桥,共22跨(南侧有18孔,北侧有4孔),总长度700多m,完全采用双曲拱结构形式。到了20世纪80年代早期,已有几十万延米双曲拱桥在我国相继建成,仅江苏省就建造了近万座这样的桥型。江苏省沭阳县的新沂河大桥,全桥总长度1 267 m,39跨,建于1969年,是目前我国最长的双曲拱桥。

所谓双曲拱桥,是桥梁结构有两个拱形构件、纵横两个方向都有拱形结构的桥梁。纵向的肋梁形成大的主拱圈,是拱的主要受力和承重构件,从外形上看,和普通的拱桥几乎没有任何区别。关键是横向也有小拱,这是双曲拱的内在奥秘,它在纵向肋梁(大拱圈)之间使用小拱连接起来,一个个向上隆起。看上去纵向像波浪一样,所以称为拱波。拱波展开后的方向垂直于纵向大拱圈,这样桥梁就由纵横两个方向的曲面组成,因此称为双曲拱桥。双曲拱桥的典型特点就是可以较大幅度地提高其强度及稳定性,对于一般拱桥,在其较大竖向、横向荷载作用下,易引起弯曲变形,而双曲拱桥很好地解决了这个问题。在拱波的作用下,桥梁承受的竖向荷载可以很好地扩散到桥梁整体。此外,一般拱桥的跨度比双曲拱桥小得多,而且在采用的材料相同、跨度相同的情况下,双曲拱桥的钢材和其他材料用量可以比一般的拱桥节省将近一半,这种拱桥充分利用了预制装配的优点,可以不要拱架,节省木材,加快施工进度,所耗费的钢材也不多。在物资缺乏、劳动力成本低的年代,选择这种桥梁形式具有鲜明的时代特点和建造优势。

但是,双曲拱桥主拱圈在施工中,经历了“化整为零”和“集零为整”两个阶段。将主拱圈以“化整为零”的方法按先后顺序进行施工,再以“集零为整”的方式组合成承重的整体结构。因主拱圈分期形成,呈现组合结构的受力特征,整体性较弱,在地震荷载作用下容易破坏。

在1956~1975年的10年中,全国掀起了推广修建双曲拱桥的高潮,其中相当一部分,尤其在江浙地区的一些软土地基上的双曲拱桥,之后都出现了裂纹、变形、沉陷等缺陷。据1979年全国普查资料,全国共有大、中公路双曲拱桥4 085座,长35万延米,其中好的和较好的占86%,次的和问题较严重的占14%,但出现的问题大多也是严重的。出现问题的原因基本上可以分为两个方面:

(1)设计理论不完善或者根本没有设计,按经验施工,导致结构本身先天不足。尤其是整体性不强的问题,甚至拱肋可以做得十分纤细,填平层可以做得很薄等。尤其是在"一无设计、二无图纸、三无技术人员"的情况下,设计和施工的可靠程度往往是可疑的,这导致许多双曲拱桥后来暴露出不少问题。

(2)早期双曲拱的缺点没有得到认真对待和克服,关键的问题是整体性没有得到保证,主要表现在以下几方面:

①预制拱波一般是厚6~8 cm的素混凝土弧形薄板,在土模或木模上现浇,不能得到良好的振捣,搬运砌筑过程中常常被断折,或者在顶部有隐伤,安砌后在荷载作用下很容易产生纵向裂缝。

②拱波是靠坐浆安置在拱板上的,很难保证接缝的质量,而这些接缝在某些荷载情况(例如降温时拱波收缩)下是承受拉力的,难免会产生裂缝。

③更严重的是拱波与拱波之间的砌缝。只有保证这些砌缝饱满密实,才能使拱波在纵向连成一个整体,起拱圈的作用。只要有一条这种砌缝不起作用,这一条拱圈就将失去效用。而实际施工时这种砌缝是很难捣固的。在后来制定的设计规范中规定取拱波厚度的一部分(50%或60%)计入拱圈的厚度,可能就是考虑到了这个情况,但遗憾的是,即使是将50%或60%厚度作为有效拱波厚度也是保证不了的。实际上拱波只能起到模型板的作用,在其上后浇的填平层才真正有效地起到拱圈的作用。许多双曲拱拱圈沉陷变形,强度和刚度不足,主要是由于这个原因。

双曲拱桥结构新颖,外型美观、轻巧,迄今为止仍然是我国所独有的、极具中华民族气息的桥型,据不完全统计,我国现有双曲拱桥4万多座,更有不少双曲拱桥与当地风景名胜融为一体。但是,由于当时设计水平和设计荷载偏低、构件预制工艺标准偏低、安装质量与当前的使用要求存在差距,加上结构整体性较差、横向联系能力不足以及钢材用量少等一系列因素,随着我国交通运输业的高速发展,荷载等级也不断提高,大、重型车辆不断增加,使这些桥梁长期处于负荷载运营,加上其本身结构的缺陷及无法预见的自然灾害,双曲拱桥出现了各种类型的病害,导致双曲拱桥承载能力不足,严重影响了行车安全,部分桥梁甚至已经成了"危桥"。在当今的形势下,双曲拱桥已经不能满足正常通行安全,在桥梁建设中基本上不采用了。

对承载能力不足的双曲拱桥全部拆除显然是不经济的。因此,需要先对其进行检测,然后准确找出病害产生的原因,针对病害选择合理的加固方法,从而提高桥梁的承载能力并延长其使用寿命。开展双曲拱桥危桥加固技术研究,成为了时下迫切需要解决的问题。

第二章　双曲拱桥调查依据和调查方法

双曲拱桥修建的年代距今比较早，而且当时的设计施工技术不成熟，一般都存在设计荷载较小、承载能力不足等情况，桥面也未按照规范宽度设计车道，这样在后来运输量和荷载等级不断增加的情况下就出现了各类病害，给交通行车安全埋下了隐患。总体来说，我们可以将双曲拱桥的病害原因分为以下几个方面：

(1)荷载标准等级偏低。

(2)拱桥主拱圈局部整体性差。

(3)拱桥主拱圈截面尺寸小。

(4)拱上建筑未做适当处理。

(5)对修建在软土基上的双曲拱桥基础处理不当，使墩台发生不均匀沉降和水平位移等，导致主拱圈发生较大的变形与开裂。

下面对双曲拱桥调查依据及检查指标与内容进行介绍。

一、危桥调查依据

(1)各市、县提交的桥梁明细表。

(2)中华人民共和国行业标准《公路桥涵养护规范》(JTG H11—2004)。

(3)中华人民共和国行业标准《公路养护技术规范》(JTG H10—2009)。

(4)中华人民共和国交通运输部标准《公路桥梁技术状况评定标准》(JTG/T H21—2011)。

(5)中华人民共和国行业标准《公路技术状况评定标准》(JTG H20—2007)。

(6)中华人民共和国行业标准《公路工程质量检验评定标准 第一册 土建工程》(JTG F80/1—2017)。

(7)中华人民共和国交通运输部标准《公路桥涵设计通用规范》(JTG D60—2015)。

(8)中华人民共和国交通运输部标准《公路钢筋混凝土及预应力混凝土桥涵设计规范》(JTG 3362—2018)。

(9)中华人民共和国交通运输部标准《公路桥涵地基与基础设计规范》(JTG D63—2007)。

(10)中华人民共和国行业标准《公路桥涵施工技术规范》(JTG/T F50—2011)。

(11)中华人民共和国行业标准《公路工程技术标准》(JTG B01—2014)。

(12)相关桥梁设计文件、竣工文件及养护维修文件。

二、双曲拱桥检查指标与检测内容

双曲拱桥上部结构检查指标及内容见表 2-1。

表 2-1　双曲拱桥上部结构检查指标及内容

构件	检查指标	检查内容
主拱圈	主拱圈、横向联结系变形	主拱圈有无变形；横向联结系有无松动、开裂、扭曲变形；拱肋变形是否趋于一致
	渗水	有无渗水现象
	主拱圈裂缝	有无横向裂缝；拱波和拱肋结合部位有无纵向裂缝；跨中截面肋波结合面有无环向裂缝；拱波有无纵向裂缝；横向联结系构件有无裂缝
	拱脚位移	拱脚是否出现水平、竖向位移和转角
	蜂窝、麻面	是否存在蜂窝、麻面
	剥落、掉角	是否存在局部或大范围混凝土剥落或掉角
	空洞、孔洞	是否存在局部或大范围混凝土空洞、孔洞
拱上结构	实腹拱的侧墙与主拱圈间脱裂	侧墙与主拱圈是否出现断裂、脱开
	侧墙变形	侧墙是否出现鼓肚、倾斜、外移等变形现象
	拱上填料沉陷或开裂	拱上填料是否出现沉陷或开裂
	空腹拱的腹拱、横向联结系变形、错位	腹拱或横向联结系是否出现变形、错位
	立墙或立柱倾斜	立墙或立柱是否出现倾斜
	表面缺陷	是否出现蜂窝、麻面、剥落、掉角、空洞、孔洞、碳化、腐蚀等现象
	拱上结构裂缝	拱上立柱是否出现水平裂缝；盖梁或横系梁是否出现裂缝；腹拱拱顶、拱脚是否出现径向裂缝；梁板跨中是否出现竖向裂缝
	拱上填料排水不畅	是否存在排水不畅

第三章　双曲拱桥危桥技术评价方法

一、危桥定义及规范规定

危桥指处于危险状态的桥梁，分为三类：一是通行安全不足的桥梁，二是桥梁结构承载力不足的桥梁，三是抗灾能力不足的桥梁。

（1）通行安全不足：是指表征桥梁使用功能的主要技术指标（如非主要承重构件的完好程度、桥面的平顺度、行车和行人的安全防护装置或构造物的安全可靠性等），不能满足设计标准规定最低限度的使用功能性要求，可能会危及桥梁正常使用状况下的通行安全。

（2）桥梁结构承载力不足：实际承载力不能满足有关技术标准规定的最低承载力或不满足实际通行荷载要求。

（3）抗灾能力不足：是在可能的突发性灾难或意外事件状态下，会出现危险状况。

《公路桥涵养护规范》（JTG H11—2004）指出，危桥指处于危险状态，不能达到通行安全的桥梁。

《公路桥梁技术状况评定标准》（JTG/T H21—2011）规定，在桥梁技术状况评定时，当满足规范4.3节中规定的任一情况时，桥梁总体技术状况应评为5类桥。具体如下：

（1）上部结构有落梁，或梁、板断裂现象。

（2）梁式桥上部承重构件控制截面出现全截面开裂；或组合结构上部承重构件结合面开裂贯通，造成截面组合作用严重降低。

（3）梁式桥上部承重构件有严重的异常位移，存在失稳现象。

（4）结构出现明显的永久变形，变形大于规范值。

（5）关键部位混凝土出现压碎或杆件失稳倾向，桥面板出现严重塌陷。

（6）拱式桥拱脚严重错台、位移，造成拱顶挠度大于限值；或拱圈严重变形。

（7）圬工拱桥拱圈大范围砌体断裂，脱落现象严重。

（8）腹拱、侧墙、立墙或立柱产生破坏造成桥面板严重塌落。

（9）扩大基础冲刷深度大于设计值，冲空面积达20%以上。

（10）桥墩（桥台或基础）不稳定，出现严重滑动、下沉、位移、倾斜等现象。

二、危桥的评定流程

对于日常检查和定期检查中发现的三～五类桥梁，应立即向上级主管部门汇报，主管部门根据汇报材料决策是否启动危桥评定程序。危桥评定工作需要委托相关检测单位进行，鉴于危桥评定的复杂性，委托的评定单位应具有公路检测综合甲级资质或桥梁隧道专项检测资质。危桥评定流程见图3-1。

危桥评定相关检测包括桥梁现场详细检查、结构承载力检算以及必要时进行荷载试验。危桥评定包括通行安全评定、承载能力评定、抗灾能力评定3个方面，根据评定结果确定桥梁是否处于危险状态，并给出处置建议，出具危桥鉴定报告。

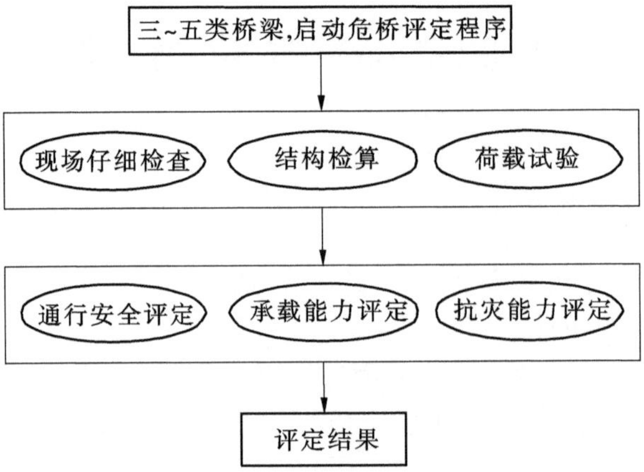

图 3-1　危桥评定流程

三、危桥评定技术指标体系

根据危桥的定义，分别给出三个方面的技术指标，如图 3-2 所示。

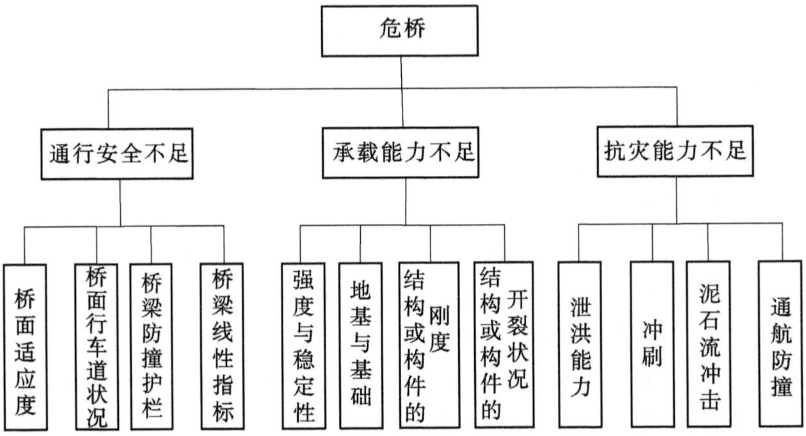

图 3-2　危桥评定技术指标体系

（一）通行安全指标

（1）桥面适应度。

高速公路行车道宽：小于引道行车道宽。

一级公路行车道宽：小于引道行车道宽。

二级公路行车道宽：双向小于 7 m，单向小于 3.5 m。

三四级公路行车道宽：双向小于 6 m，单向小于 3 m。

（2）桥面行车道状况。

——伸缩缝损坏：导致设计最高行车车速下的严重不适。

——桥面铺装破损。

高速公路破损深度大于 5 cm；

一级公路破损深度大于 5 cm；

二级公路破损深度大于 7 cm；

三四级公路破损深度大于 9 cm；

——桥面铺装抗滑性：摩擦系数指标低于设计指标 1 ~2 个等级。

(3)桥梁防撞护栏。

——防撞护栏安全等级不满足实际要求。

——防撞护栏严重缺损，不能正常发挥防护作用。

——人行道栏杆缺失重要构件。

(4)桥梁线形指标。

桥头接线不满足相应路线等级的线形要求。

(二)承载力指标

(1)结构或构件的强度与稳定性。

(2)地基与基础。

(3)结构或构件的刚度。

(4)结构或构件的开裂状况。

(三)抗灾能力指标

(1)泄洪能力 <1/50。

(2)1/20 洪水造成基础冲刷异常。

(3)已出现冲刷造成基底淘空，或桥梁墩台基础埋置深度、桩基入土深度不应满足洪水冲刷要求。

(4)已出现冲刷，造成桩基础缩颈。

(5)持力层位于有滑动迹象的地基上。

(6)可能遭受泥石流冲击的桥梁。

(7)对有通航要求的桥梁，桥墩(台)及预防设施的抗撞击能力不满足实际通航要求。

四、危桥评定

对危桥的检测应在一般检查的基础上，有重点地选择下列检测内容进行详细检查。

(一)桥梁几何形态参数测定

(1)对拱结构，主要测定拱轴线、桥面结构纵向线形和墩(台)顶的水平变位。

(2)拱式桥面结构纵向线形宜沿桥纵向分断面布设测点，分桥轴线和车行道上、下游边缘线 3 条线，按二等工程水准测量要求进行闭合水准测量。测点应布置在桥跨或桥面结构的跨径等分点截面上。对中小跨径桥梁，单跨测量截面不宜少于 5 个；对大跨径桥梁，单跨测量截面不宜少于 9 个。

(二)桥梁结构尺寸及恒载调查

(1)桥梁总体尺寸的测量主要包括桥梁长度、桥宽、净空、跨径等。

(2)桥梁构件尺寸的量测主要包括主要构件、次要构件的长度与截面尺寸等。

(3)桥面铺装厚度测定。

(4)其他附加荷载调查,如过桥管线等。

(三)桥梁结构构件的材质检测

(1)混凝土强度及碳化状况检测。

(2)混凝土结构钢筋分布状况的调查。

(3)混凝土中钢筋锈蚀电位的检测。

(4)混凝土中氯离子含量的测定。

(5)混凝土电阻率的检测。

(四)桥梁结构动力参数的测定

桥梁结构固有模态参数的测定主要是获取桥梁结构的自振频率、阻尼和振型,桥梁固有模态参数能反映桥梁结构的整体性能和技术状况。

(五)桥梁墩台与基础变位情况调查

(1)桥梁墩台与基础的竖向沉降、水平变位和转角。

(2)相邻墩台与基础的沉降差。

(3)墩台与基础的不均匀沉陷、滑移、倾斜和冻拔等。

五、危桥裂缝评价分析及监测技术

桥梁结构在施工和使用过程中,常会出现各种不同形式的裂缝。对于砖、石、混凝土结构物来说,产生裂缝几乎是不可避免的;在部分预应力混凝土结构中也可能出现不允许出现的裂缝;在全预应力结构中也有出现裂缝的可能。有些裂缝对结构承载力有巨大影响,有些裂缝对结构的耐久性有影响,故裂缝检查就显得特别重要。裂缝检查首先应判断裂缝的类型,其次判断其是否在允许范围内,是否需要维修或加固。

(一)桥梁裂缝分类

裂缝可从不同角度来分类。

(1)从安全性角度来看,裂缝可分为正常的工作裂缝(在设计控制范围内的裂缝)以及非正常裂缝(超出规定范围的裂缝)。拱桥梁裂缝限值见表3-1。

(2)从客观成因角度来看,裂缝可分为:

①先天裂缝。由于设计不当,不可避免地在结构中产生的裂缝。

②原生裂缝。由于施工工艺不当,造成的结构中原本可以避免的裂缝。

③后天裂缝。正常使用荷载造成的累积损伤裂缝,以及非正常荷载造成的突损伤裂缝。

(3)从受力角度来看,裂缝有弯曲裂缝、剪切裂缝、局部承压伴随的劈裂和崩裂、拼接缝的分离和扩展形成的裂缝以及差动裂缝(外部约束或内部变形差而造成的一种混凝土裂缝)等。差动是一种常见而又常常被忽略的裂缝成因,常见几种成因总结如下:

①在原有基础(或承台)上浇筑长条混凝土时,新浇混凝土在硬化过程中收缩受到原混凝土约束而产生裂缝,有时分层浇筑的混凝土构件也会发现这种裂缝。

②施工台座上长期存置或长期不拆模的梁,由于台座或模板约束了混凝土的收缩和温差变化,会导致普通钢筋混凝土梁和未及时张拉的预应力梁开裂。

(4)从外因来看,裂缝产生的外界因素包括荷载和变位,成桥内力,温度变化,材料时效(如混凝土收缩、徐变),先天和后天的截面削弱,化学、物理作用(钢筋锈蚀、预应力筋锚头锈蚀、酸碱腐蚀)等。

表 3-1 拱桥梁裂缝限值

结构类别	裂缝部位			允许最大缝宽(mm)	其他要求
砖、石、混凝土拱	拱圈横向裂缝			0.30	裂缝高小于截面高一半
	拱圈纵向裂缝			0.50	裂缝长小于跨径1/8 半裂缝长小于跨径
	拱波与拱肋结合处			0.20	
墩台	墩台帽			0.30	不允许贯通墩台身截面的一半
	墩台身	经常受侵蚀性环境水影响	有筋	0.20	
			无筋	0.30	
		常年有水但无侵蚀性环境水影响	有筋	0.25	
			无筋	0.35	
		干沟或季节性有水河流		0.40	
	有冻结作用部分			0.20	

注:对于潮湿地区或空气中含较多腐蚀性气体的环境,缝宽限值应更加严格。

(5)从时间角度来看,裂缝有早期裂缝、混凝土强度成长期裂缝和使用期裂缝。早期裂缝一般在浇筑混凝土后第 2 天可能出现,主要有沉降缝(塑性混凝土沉降引起)、早期收缩缝、模板变形缝等。

(二)拱桥常见裂缝

1. 上部结构的常见裂缝

如图 3-3 所示为拱肋(拱圈)跨中径向裂缝。这种裂缝一般分布在拱肋跨中部分的 2 ~5 m,即在(1/4 ~3/4)L 范围内。在拱肋侧面上,裂缝由拱肋下边缘向上延伸,裂缝宽度一般为 0.1 ~0.3 mm,裂缝延伸长度为 0.2 ~0.3 m。

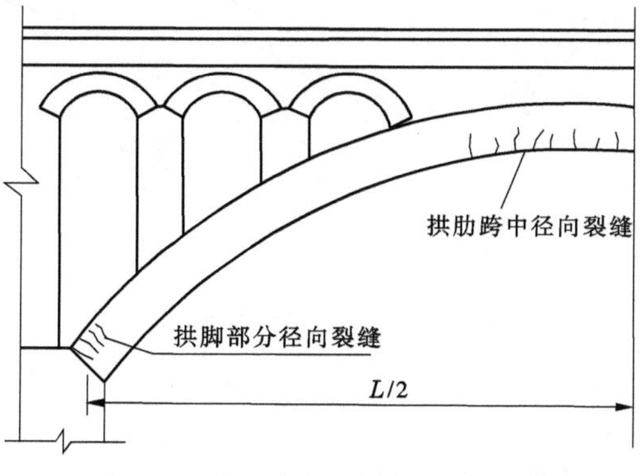

图 3-3 拱肋(拱圈)跨中径向裂缝

出现这类裂缝的原因主要是桥台产生水平位移,使拱顶区段正弯矩较大幅度增加,拱顶下缘受拉产生裂缝。如果桥台稳定无明显位移,则可能是拱肋截面太薄弱,在正弯矩的作用下，导致拱肋下缘开裂。

图 3-3 展示出了拱肋拱脚附近径向裂缝。这种裂缝一般在拱座与拱脚交接处附近发生 1 条或者数条。在拱肋侧面上，裂缝由拱肋上缘向下延伸。

和前面情况类似，出现这类裂缝的原因主要是桥台产生的水平位移，使拱脚区段负弯矩较大幅度增加，拱肋上缘受拉开裂；也可能是拱圈截面太薄弱，在负弯矩的作用下，导致拱肋上缘开裂。

如图 3-4 所示是拱波顶纵向裂缝。这种裂缝只发生在双曲拱桥主拱圈的拱波顶上，裂缝沿纵向延伸较长，横向往往有数条，且裂缝的宽度较大。

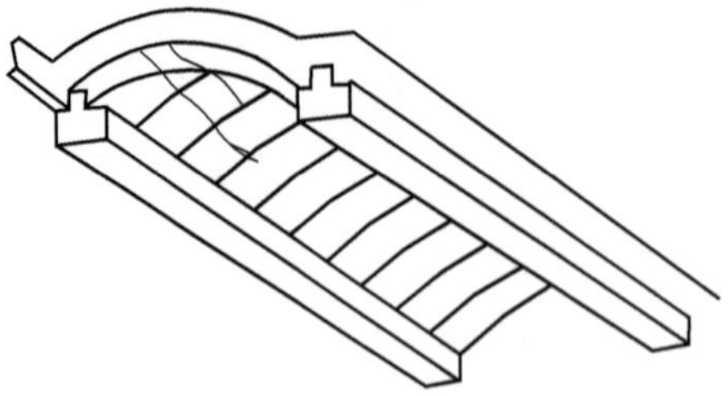

图 3-4　拱波顶纵向裂缝

产生这类裂缝的原因主要是主拱圈的横向联系薄弱，主拱圈横向刚度和强度不足。桥越宽，拱波的矢跨比越小以及横向联系越弱，这类裂缝越容易发生。当然也和拱板混凝土的收缩有关，加之拱波顶处为主拱圈截面上最薄弱的地方，所以在波顶出现这类裂缝。另外，桥台基础的横向不均匀沉降也可能造成这一病害，在板拱桥和箱拱桥中，表现为在板底的纵向裂缝，有时甚至纵向贯通。在肋拱桥中，可表现为横系梁的开裂。

如图 3-5 所示是拱肋与拱波结合面的环缝，即双曲拱桥的拱肋与拱波交界处沿桥跨方向的裂缝。

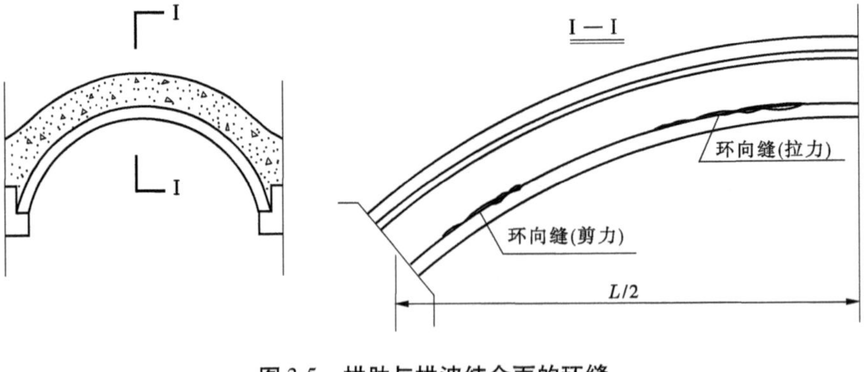

图 3-5　拱肋与拱波结合面的环缝

出现这类裂缝的原因主要是拱肋与拱波、拱板联系薄弱，如拱肋与拱板间未设锚固钢筋，或锚固钢筋过细，间距过大等。拱波坐浆不良也是原因之一。当桥台水平位移时，肋、波结合面的剪力（在拱脚截面附近区段）或拉力（在拱顶截面附近区段）使这类病害更易发生。

2. 下部结构的常见裂缝

对于重力式墩墩身，裂缝多发生在常水位以下墩身的向阳部位（见图 3-6），裂缝宽度为0.1～1 mm,深1～1.5 cm,长度不等。产生这种裂缝的主要原因是混凝土内部水化热和外部气温的温差,或日气温变化影响和日照影响而产生的温度拉应力,同时混凝土干燥收缩也会引起这种裂缝。

基础不均匀沉降产生的墩台病害很多,如图3-7所示,由于基础的不均匀沉降,使得墩台身底部受拉、受剪,裂缝从基础向上发展,一般表现为下宽上窄。这种裂缝一般有数条,主裂缝1～3条,裂缝宽度严重的可达10 mm以上,裂缝向上可延伸数米。

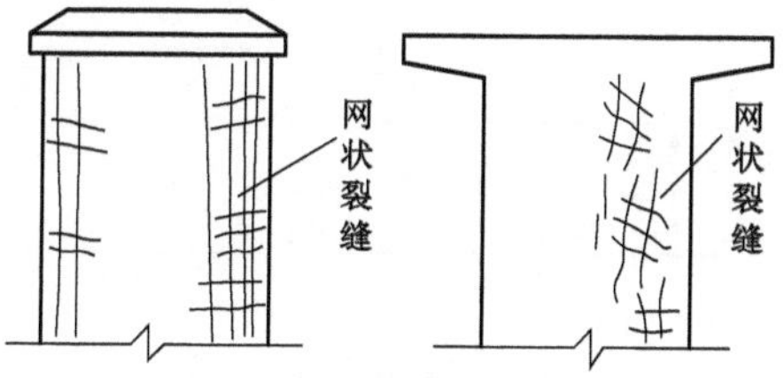

图3-6　墩台网状裂缝

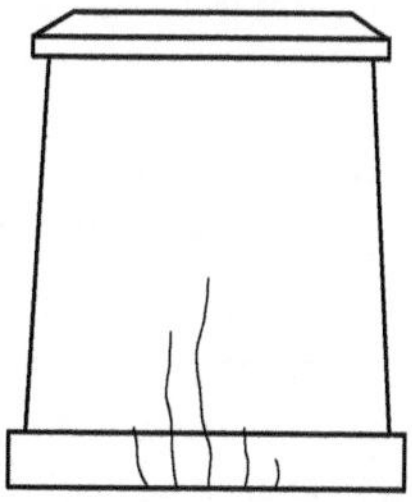

图3-7　墩台竖向裂缝

墩、台身水平裂缝一般呈水平层状(见图3-8),产生这种裂缝的主要原因多为混凝土灌注不良。

翼墙、前墙有时会产生断裂裂缝(见图3-9)。产生这种裂缝的主要原因是墙间填土不良、冻胀或地基承载力不足以及两者共同作用,同时也和基础不均匀沉降有关,一般发生在高度较大(5 m)的重力式桥台上或者地基不良的轻型桥台上。这种病害非常严重,有时桥台前墙、翼墙可完全断开成几部分。

有些裂缝是从支承垫石向下发展的,如图3-10所示。产生这种裂缝的主要原因是墩、台帽在支承垫石下未布钢筋,也可能是因为受到了较大的冲击力而产生的。

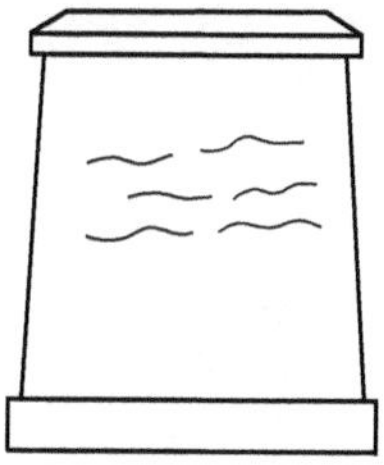

图3-8　墩台水平裂缝

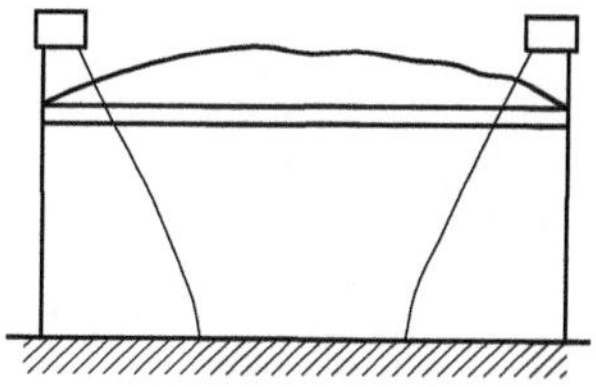

图3-9　桥台断裂裂缝

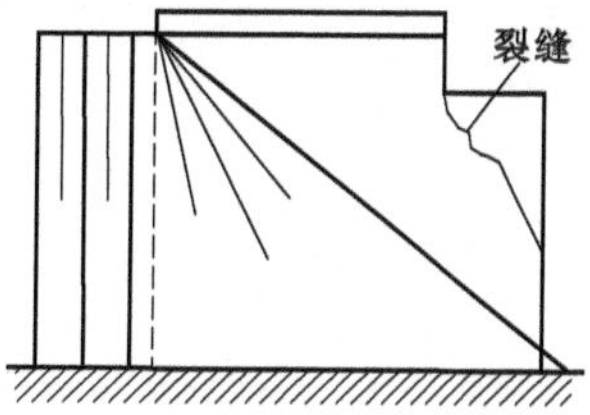

图3-10　桥台支承处裂缝

(三)裂缝的观测及检查

裂缝检查与观测的内容应包括裂缝发生的部位、走向、宽度、分布状况、长度以及裂缝的变化发展情况等。

裂缝观测时,一般采用的仪器有塞尺、手持式读数显微镜(刻度放大镜)、长标距裂缝应变片、千分表引伸仪等。目前,市场上有一种电子裂缝宽度仪,采用的是电子视频技术。

现场观测裂缝变化发展情况的简单方法:

(1)在裂缝两边设置小标杆,两杆间的距离用卡尺测量(见图3-11),或用读数放大镜直接测量裂缝的宽度。

(2)设置两块金属板来量测,一块金属板盖过裂缝并与另一块刻有尺寸的金属板相接触(见图 3-12),量测并记下裂缝变化的尺寸。

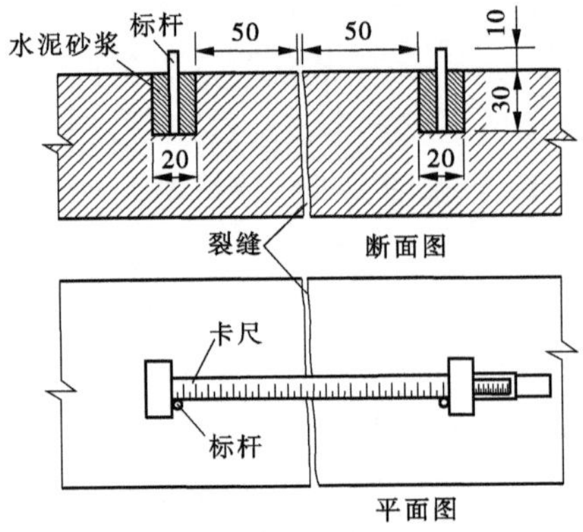

图 3-11　安设标杆观测裂缝法　(单位:mm)

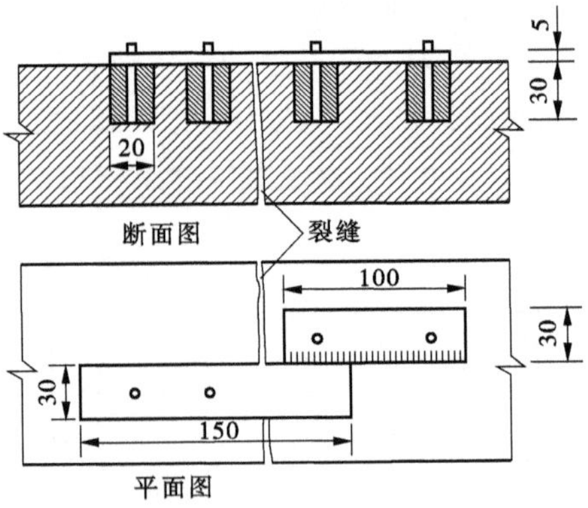

图 3-12　设置两块金属板观测裂缝法　(单位:mm)

(3)利用水泥浆或石膏做成薄片状的标记贴在裂缝处,或用玻璃片、较牢固的纸糊在裂缝上,观察其是否继续开裂。具体做法是在裂缝的起点和终点画上与裂缝走向垂直的红油漆线记号,并把裂缝登记编号。观测并记下裂缝的部位、走向、宽度、分布状况和长度等。如有必要知道裂缝深度,可用注射器在裂缝中注入有色溶液,然后开凿至显色为止,开凿深度即为裂缝的深度。

观测裂缝的变化情况,对裂缝长度可观察裂缝两端是否超出前一次油漆画线。对裂缝是否沿宽度方向继续扩展,可做灰块或玻璃测标(见图 3-13)进行观测,其方法是先将安设测标部位的结构表面凿毛,用 1∶2水泥砂浆或石膏在裂缝上抹成厚 10 ~ 15 mm 的方形或圆形灰块,也可用石膏将细条状玻璃固定在裂缝两侧结构表面上,对测标编号并注明安设日期,当裂缝继续扩展时,测标就会断裂。一般裂缝宽度都较小,应尽可能采用带刻度的放大镜测量。

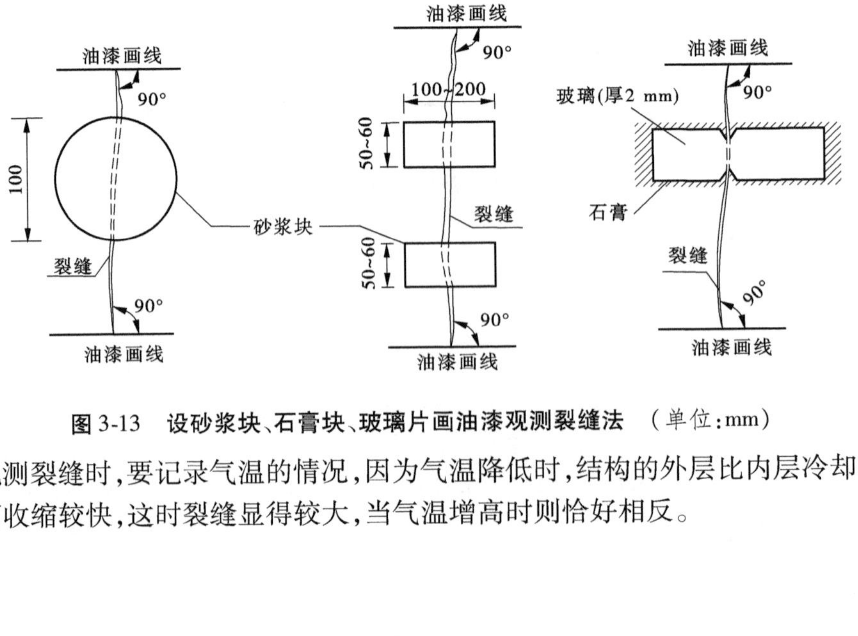

图 3-13　设砂浆块、石膏块、玻璃片画油漆观测裂缝法　(单位:mm)

在观测裂缝时,要记录气温的情况,因为气温降低时,结构的外层比内层冷却得更快,因而表面收缩较快,这时裂缝显得较大,当气温增高时则恰好相反。

第四章　双曲拱桥危桥资料调查收集和技术分析

一、牧野区栗屯桥

Y018410711 栗屯桥，中心桩号 2.799，桥梁经度 113.832 962°，桥梁纬度 35.334 697°，桥梁全长 128 m，单孔最大跨径 24 m，跨径组合 5 孔 ×24 m，桥面净宽 6.2 m，上部结构形式为双曲拱桥，设计荷载为汽 -13 级，桥墩类型为重力式桥墩，1981 年 10 月建成通车。

存在的主要问题：

（1）该桥主要病害为桥面铺装大面积网裂；护栏混凝土破损露筋；主拱圈局部破损露筋；桥墩处拱波有横缝，渗水析碱。

（2）该桥设计荷载为汽 -13 级，所在线路为 2 级路，且该线路车流量较大，已不能满足日益增长的交通量的需求。由于设计荷载等级较低，管养部门已限制大车通行。

核查结论及建议：

（1）该桥桥面系病害较严重，主拱圈局部破损，评定为三类桥。

（2）该桥原结构建造年代较早，设计等级低，且该线路车流量较大，已不能满足日益增长的交通量的需求。该类桥维修加固、提高桥梁设计荷载等级难度大、造价高，管养单位对该桥提出的拆除重建的处理措施符合桥梁现况。

（3）该桥引桥为 3 跨砖砌拱桥，设计等级低，维修加固难度大、造价高，建议与主桥一起拆除重建。栗屯桥现场图片见图 4-1。

(a)桥梁正面图

(b)桥梁侧面图

图 4-1　栗屯桥现场图片

(c)桥面铺装网裂

(d)桥面铺装开裂

(e)护栏破损露筋

(f)护栏破损

(g)桥墩处拱波横缝

(h)拱圈局部破损露筋

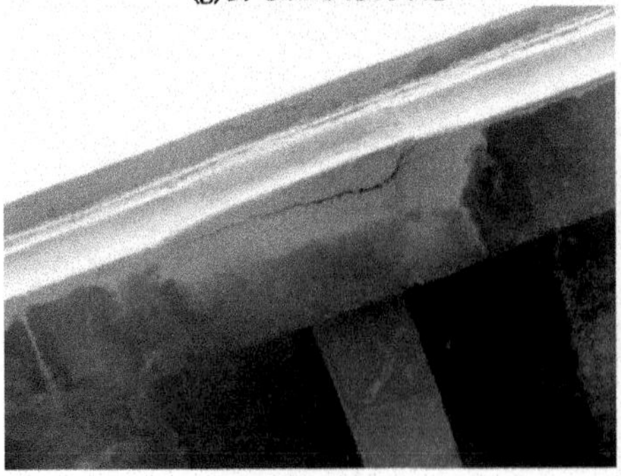

(i)拱圈局部破损

(j)该桥引桥（砖砌拱桥）

续图 4-1

二、卢氏县先峪拱桥

C386411224 先峪拱桥，中心桩号1.448，桥梁经度 111.085 226°，桥梁纬度34.091 558°，桥梁全长 38 m，单孔最大跨径 14 m，跨径组合 2 孔 ×14 m，桥面净宽 6.5 m，上部结构形式为双曲拱桥，设计荷载为汽 –20 级，桥墩类型为重力式墩，2006 年 12 月开工，2007 年 5 月建成通车。

存在的主要问题：

(1) 主要病害为桥面裂缝。

(2) 主拱圈下土堆影响汛期泄洪。

核查结论及建议：

(1) 该桥主要病害为桥面铺装局部有裂缝，评定为二类桥。

(2) 清理桥下土堆，建议做好日常养护。

先峪拱桥现场图片见图 4-2。

(a)桥梁正面图

(b)桥梁侧面图

(c)桥面裂缝

图 4-2　先峪拱桥现场图片

三、卢氏县黄耀沟拱桥

C359411224 黄耀沟拱桥，中心桩号 0.17，桥梁经度 111.025 87°，桥梁纬度33.775 795°，桥梁全长 104 m，单孔最大跨径 28 m，跨径组合 3 孔 ×28 m，桥面净宽 4.5 m，上部结构形式为双曲拱桥，设计荷载为公路 – Ⅱ级，桥墩类型为重力式墩，1997 年 3 月建成通车。

存在的主要问题如下：

(1) 该桥主要病害为桥面铺装多处横缝。

(2)栏杆局部损坏。

(3)1#墩顶处拱波横缝。

核查结论及建议：

(1)该桥主要病害为桥面铺装多处横缝、栏杆局部损坏、1#墩顶处拱波横缝，评定为三类桥。

(2)对桥面铺装横缝进行沥青灌缝处理，对损坏护栏进行修复，对1#墩顶处拱波横缝进行定期观测。

黄耀沟拱桥现场图片见图4-3。

(a)桥梁正面图

(b)桥梁侧面图

(c)桥面铺装横缝(一)

(d)桥面铺装横缝(二)

(e)栏杆局部损坏

(f)1#墩顶处拱波横缝

图4-3　黄耀沟拱桥现场图片

四、卢氏县磨上拱桥

C130411224 磨上拱桥，中心桩号 0.303，桥梁经度 111.149 53°，桥梁纬度 34.033 045°，桥梁全长 45 m，单孔最大跨径 15 m，跨径组合 2 孔 ×15 m，桥面净宽 4 m，上部结构形式为双曲拱桥，设计荷载为汽 –20 级，桥墩类型为重力式墩，20 世纪 70 年代建成通车。

存在的主要问题：

（1）该桥主要病害为主拱圈局部析碱。

（2）该桥原结构建造年代较早，设计等级不详，目前交通量大，车载量大。管养单位应对该桥加强定期观测和日常养护。

核查结论及建议：该桥主要病害为主拱圈局部析碱，评定为二类桥，建议做好定期观测和日常养护。

磨上拱桥现场图片见图 4-4。

(a)桥梁正面图　(b)桥梁侧面图

(c)主拱圈局部析碱　(d)1#墩基本完好

图 4-4　磨上拱桥现场图片

五、伊川县东干渠桥

Y008410329 东干渠桥，中心桩号 2.695，桥梁经度 112.375 257°，桥梁纬度34.294 135°，桥梁全长 28 m，单孔最大跨径 18 m，跨径组合 1 孔 ×18 m，桥面净宽 4 m，上部结构形式为双曲拱桥，设计荷载为汽 –15 级，桥台类型为重力式，1971 年 12 月建成通车。

存在的主要问题：

（1）桥梁主拱肋混凝土风化剥落严重，大面积露筋［见图 4-5(c)］。

（2）拱上侧墙砌体勾缝脱落［见图 4-5(d)］。

(3)渠底铺砌混凝土破碎[见图 4-5(e)]。

核查结论及建议:该桥技术状况等级为 5 类,建议拆除重建。

东干渠桥现场图片见图 4-5。

(a)桥梁正面图

(b)桥梁侧面图

(c)主拱肋混凝土风化剥落

(d)拱上侧墙砌体勾缝脱落严重，大面积露筋

(e)渠底铺砌混凝土破碎

图 4-5　东干渠桥现场图片

六、卫辉市 S226 线向阳桥

向阳桥位于卫辉市 S226 翟阳线,跨越孟姜女河,于 1980 年 12 月建成。全桥总长 90 m,桥面总宽 36 m,车行道宽 23 m,两侧设置人行道。桥面采用沥青混凝土路面铺装,两端桥台处各设置一道 TST 填充伸缩缝。上部结构为 27 m + 27 m + 30 m 三孔双曲混凝土拱桥,桥台采用 U 形桥台、桥墩为重力式桥墩,基础形式为扩大基础。桥梁设计荷载为汽 - 超 20 级。

主要病害:上部结构拱波裂缝。

结论及建议:加强对该桥的检查维护。

向阳桥现场照片见图4-6。

(a)桥梁正面图

(b)桥梁侧面图

(c)主拱纵向裂缝

(d)主拱圈混凝土蜂窝、麻面

(e)边梁钢筋锈胀、混凝土剥落

(f)腹拱拱波开裂

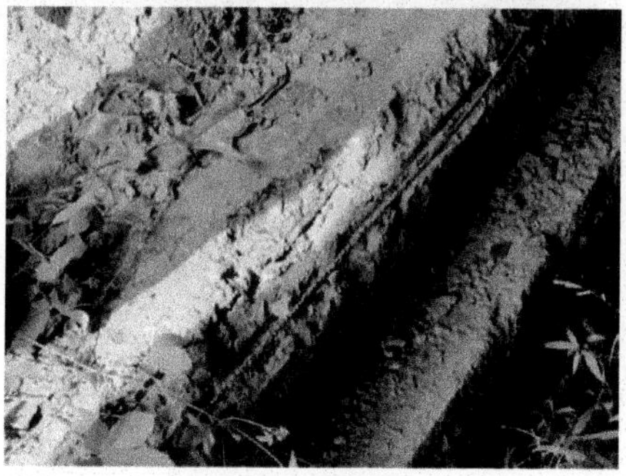

(g)腹拱系梁露筋

(h)腹拱钢筋锈胀

图4-6　向阳桥现场照片

七、内乡石门沟桥

石门沟桥位于S249线上，是跨越内乡石门沟的桥梁，石门沟桥原桥为1孔60 m双曲拱桥，建于1975年，全长98.6 m，全宽8 m，净宽7 m。

存在的主要问题：

（1）该桥原有桥面铺装损坏严重，多处出现大面积坑洼不平。

（2）护栏多处出现损坏、钢筋外露锈蚀现象，该桥多个腹拱盖梁出现竖向贯通裂缝，多个腹拱底梁有全截面裂缝。

核查结论及改造方案建议：

（1）检测报告对桥梁技术状况总体评价为四类危桥。专家组认为主拱圈无变形，翼墙有较小侧移，基础完好，腹拱有贯通竖向裂缝，评定为四类桥依据不充分。

（2）建议进行静载试验，判定桥梁承载能力，若达不到荷载等级汽－20的等级，再考虑拆除重建。若达到荷载为汽－20级的等级，挖出老桥面铺装20 cm，对桥面铺筑20 cm厚双层钢筋混凝土连续板，做局部加固处理，并设置防撞护栏。

石门沟桥现场图片见图4-7。

(a)立面图 (b)侧面图

(c)病害 (d)桥头

图4-7 石门沟桥现场图片

八、唐河县长桥Ⅰ

长桥Ⅰ位于唐河县古城乡，长桥Ⅰ建于1970年，原桥为3～16.3 m双曲拱桥，U形桥台，重力墩，全长52.98 m，全宽7.5 m，净宽7 m，与1999年修建的长桥Ⅱ合并形成全宽14.5 m的桥梁。

存在的主要问题:经多年运营,长桥Ⅰ出现桥面铺装横向裂缝,护栏局部破损,拱肋纵向裂缝等病害,桥面渗水。

核查结论及改造方案建议:

(1)桥梁技术状况总体评价为四类危桥。专家组认为主拱完好,主要受力构件无损坏,应为三类桥梁。

(2)仅对拱桥部分的桥面进行防水处理即可,不宜拆除重建。

长桥Ⅰ现场图片见图 4-8。

(a)立面图　　(b)侧面图

图 4-8　长桥Ⅰ现场图片

九、S249 线夕阳山桥

夕阳山桥位于南阳市内乡县境内 S249 线上,中心桩号 K273 + 214,该桥建于 1975 年,为 1 孔 28 m 双曲拱桥,桥梁全长 44.5 m,全宽 8 m。

桥梁病害情况:

(1)泥结碎石桥面铺装多出现坑洼不平。

(2)护栏断裂外倾严重且局部缺失。

(3)上部拱肋出现较为严重的破损、露筋、锈蚀。

(4)拱波存在沿路方向上的纵向裂缝且渗水严重。

(5)上部的挤压致使上部填料外移造成腹拱、腹拱上部侧墙、安全带及栏杆严重外移;桥台多处渗水,桥台侧墙外侧堆积大量石块等现象。

对《实施方案》评价:根据南阳市交通运输局文件《南阳市交通运输局关于 S249 夕阳山桥危桥改造工程实施方案的批复》(宛交规划〔2012〕72 号)文件中提到的改造方案),桥梁拟按下述方案重建。

(1)在原桥位北约 20 m(原批文中 100 m 需核实)处新建一座 3 × 20 m 的预应力 T 梁桥,全长 72 m,全宽 8.5 m,桥墩为桩柱式,桥台采用 U 形桥台。

(2)引线工程:目前老桥两端平面线形符合二级公路设计标准,在平面上利用现有线形与老路顺接,使行车更安全、顺畅,引线起、终点均与老路衔接。设计洪水频率 1/100,桥梁设计车辆荷载公路 - Ⅱ级。

专家组认为该桥目前病害较严重,且双曲拱桥修建年代较远,从安全角度出发,建议对该桥梁进行拆除重建，新建桥梁为 3 ~ 20 m 预应力空心板桥，桥面全宽 8.5 m。同时新桥位较原桥位挪动不超过 20 m。

S249 线夕阳山桥现场图片见图 4-9。

(a)桥面全景图

(b)桥梁侧面图

(c)腹拱上部侧墙外移

(d)桥梁路面坑槽

(e)南侧栏杆严重外移

图 4-9　S249 线夕阳山桥现场图片

第五章　双曲拱桥危桥加固建议及对策研究

双曲拱桥较为明显的整体受力特性是：自重轻，拱脚处有水平推力。单独从内力传递和分配上可归纳为：在荷载作用下，桥的横向和纵向产生两种以上水平力的结构。水平推力使结构在荷载作用下产生的弯距大大降低，同时也使对结构材料抗拉性能的要求大大降低。

因而这些水平力的工作状态在相当程度上决定了双曲拱桥的工作状态，是保持双曲拱结构的性能、稳定性和寿命的重要因素。

双曲拱桥结构与构造的薄弱环节是：

(1)主拱圈的可组合性和整体性之间的矛盾。

(2)拱波对桥横向强度要求的一致性和拱肋横向连接强度的不均匀性之间的矛盾。

主拱圈的可组合性越好，其影响整体强度和稳定性的不利因素就越多。由于拱圈是由肋、波、板组成的组合截面，其结合部分对组合截面整体性的削弱一直存在，尤其是拱肋与拱波结合部。因而加强和确保主拱圈的整体性是设计、施工的一个重点。根据对公路双曲拱桥的调查资料，拱肋与拱波结合面的环缝(拱肋与拱波交界处沿桥跨方向的裂缝)是双曲拱桥的常见病害之一。

此外，由于以双曲拱桥为代表的拱桥无支架施工的高峰期在 1975 年，其计算上通常采用内力叠加法，按组合截面验算。这样处理往往忽视了混凝土的徐变要在一个较长的时间才能完成这一情况，又因由徐变而发生的内力重分布也是逐步实现的，因而不能反映主拱圈分段组合施工中的最不利应力状态，即在实际施工中，拱肋要承受拱波、拱板及其自身重量，因而处于应力叠加状态，使应力过大导致拱肋截面过早开裂。由于截面轻巧导致刚度不足而变形较大。

一、双曲拱桥常见病害

(一)桥梁等级偏低

等级偏低，桥的强度、刚度、宽度不够，不能满足现在的交通要求。

(二)拱肋出现裂缝

主拱圈的裂缝可以分为纵向缝、径向缝两大类：

(1)纵向缝是产生在拱肋和拱波的结合面上，平行于拱轴线方向的裂缝，是主拱圈整体性差和桥台水平位移较大所致。纵向缝分为法向拉力纵向缝和剪力纵向缝两种。法向拉力纵向缝多出现在拱顶附近正弯矩较大的区段，剪力纵向缝出现在拱角附近剪力较大的区段。

(2)径向缝是垂直于拱轴线方向的裂缝，主要有拱肋径向缝和拱背径向缝两种，拱肋径向缝产生在拱顶附近正弯矩较大的区段，往往使桥台发生过大的水平位移，拱顶部位正弯矩大大增加，拱肋的拉应力超过极限拉应力所致，拱背径向缝多产生在拱角附近负弯矩大的区域，桥台发生过大的水平位移也常出现拱背径向缝。

（三）腹拱破坏

在对郊区危改拱桥的调查中，发现几乎所有的拱桥腹拱都不同程度地破损，尤其在腹拱与横墙交接的部位，常常出现破碎状况，这是因为腹拱圈预制分块太多以及勾缝水泥砂浆强度等级过低，致使其整体性差，在荷载反复作用下必然导致各腹孔产生不同程度的纵、横向裂缝。

（四）拱波破坏

旧桥的拱波大部分是预制弯板，板与板之间只通过砂浆进行联系，由于联系薄弱，容易形成单板受力，拱波容易被压坏而出现裂缝，随着裂缝的扩展，拱波容易出现渗漏现象。

（五）横系梁破坏

由于横向联系薄弱，主拱圈容易出现偏载。由于横系梁和主拱圈是刚结构，受力巨大，容易出现应力超限而被拉坏。

（六）桥面系病害

造成桥面破碎的原因主要有两个方面：一是缺乏基层，拱桥上填料厚薄不一，面层的刚性不一，沉陷不一，砂砾填料只能算桥面的垫层，具有足够的强度但是整体性能差；二是重车交通量增加，加剧了桥面的病害。

二、双曲拱桥加固机制

（一）首先明确危旧双曲拱桥内力分析的特点

危旧双曲拱桥内力分析和设计状态下的内力分析是有明显区别的。设计状态下，确定了跨度、矢高及拱轴系数后，只要代入相应的计算公式就可以计算出拱圈主要截面的内力。危旧双曲拱桥，由于施工、损伤等原因，可能使主拱圈的拱轴线发生较大的偏离，拱轴线不再是设计线形，而变为一条不规则的曲线。这时，如果还代入按设计线形推导出的内力计算公式，肯定会使计算结果偏差太大。另外，双曲拱桥拱上建筑往往采用腹拱，腹拱拱脚存在较大的水平推力，其水平推力和主拱圈中的拉力形成一个力偶，共同抵抗外力矩。所以，拱上建筑采用腹拱的双曲拱桥的联合作用是较强的。然而，在传统拱桥的内力分析方法中，是把主拱圈的计算和拱上建筑的计算分解开来，假定全部外荷载由主拱圈承受，而拱上结构只是作为把荷载传递给主拱圈的局部受力构件，不与主拱圈共同作用。这样处理肯定使计算结果误差较大。所以，危旧双曲拱桥的内力分析一般不适合采用传统的内力分析方法。针对危旧双曲拱桥内力分析的特点，用有限元法来分析其内力是可行的。全桥建立统一的有限元模型，采用适当的连接方式把拱上建筑和主拱圈联系在一起，模拟拱上建筑和主拱圈联合作用，对于既有双曲拱桥，可测出实际拱轴线的位置，用实际拱轴线建立模型，大大提高了计算精度。

（二）建立危旧双曲拱桥有限元分析模型的方法

建立危旧双曲拱桥有限元分析模型主要应考虑以下几个方面：

（1）双曲拱桥的主拱圈变形较大时，建模应采用拱轴线的实测坐标。

（2）考虑拱上建筑的联合作用。双曲拱桥由于腹拱的存在，联合作用往往是较强的，所以建模时应考虑腹拱的作用。实腹段以及腹拱上方的填料基本上不能承受弯矩，所以这部分可以简化为两端与桥面及主拱圈铰接的杆单元。拱上建筑中横墙一般具有较大的刚度,而且和主拱圈刚性连接,所以模型中横墙可以简化为和主拱圈刚性连接的梁单元。

(3)对于多孔双曲拱桥需考虑连拱作用的影响。多孔双曲拱桥在荷载作用下,各拱墩结点会产生水平位移和转角。桥墩结点的水平位移和转角会引起拱圈内力的改变,这种作用称为连拱作用。当桥墩和主拱圈刚度比较小时,连拱作用是非常明显的。建模时多孔拱桥应该建立统一的模型,模型中也应该包括中间桥墩。

(4)如果主拱圈已局部开裂,则应按不同的情况分别考虑。开裂不严重,可按土拱圈刚度折减来计算;开裂严重,裂缝甚至已沿全截面贯通,则该截面已成为一个铰,结构体系就发生了根本改变,应重新建模型。

三、双曲拱桥加固总体要求

(1)经过加固改造的双曲拱桥,其技术指标应符合现行有关标准的要求。对于有特殊使用要求的双曲拱桥,可通过专门研究确定其技术标准。对于拟拆除的双曲拱桥,应经过评定、验证后废弃。

(2)双曲拱桥加固改造应按动态设计、动态施工的原则进行。

(3)加固改造设计和施工方案的确定,应避免结构或构件出现倾斜、失稳、坍塌等现象,宜尽可能不损伤或少损伤原结构保留部分。

(4)在满足结构验算要求的前提下,宜采用改造拱上建筑与拓宽桥面系相结合的改造技术,或采用增设整体式桥面板(梁)同时拓宽桥面系的改造技术。

(5)加固改造用材料应符合现行国家有关标准的规定。

(6)加固改造前应按照有关要求及现行相关标准对其技术状况、承载能力做出评定,并对加固改造方案进行社会、经济和技术比较。

(7)采用后锚固技术加固改造双曲拱桥各组成构件时,原混凝土构件强度等级不宜低于 C20。原砌体构件经局部修复后,灰缝、砌块应完好且表面无风化现象。

(8)下部结构基础受水流冲刷严重时,可在获得水利行政主管部门的行政许可,并经过水文调查和计算后对基础进行防护。

(9)混凝土构件裂缝处理应符合现行行业标准《公路桥梁加固设计规范》(JTG/T J22—2008)的有关规定。

(10)地基加固应符合现行行业标准《建筑地基处理技术规范》(JGJ 79—2012)的有关规定。

(11)工程需要而本规程未作规定的其他加固改造技术,可按国家现行相关标准设计、施工。

四、双曲拱桥加固设计原则

(1)对桥梁评定报告出具达 6 个月以上或结构病害明显恶化的双曲拱桥,设计前设计单位应与原评定单位联合进行现场复查、评估桥梁技术状况。

(2)双曲拱桥加固改造设计计算应符合现行国家相关标准的要求,并应符合下列规定:

①设计时宜采用现场实测原构件结构尺寸、拱轴线线形及材料强度作为计算参数。

②设计计算时应考虑拱上建筑联合作用。

③设计计算时应考虑建桥施工阶段对构件受力的影响。

④加固改造设计应进行各加固施工阶段构件的承载力、刚度和稳定性验算。

⑤拱上建筑为实腹式的双曲拱桥和拱上建筑采用墙式墩且活荷载横桥向布置不超过主拱圈以外的空腹式双曲拱桥,可考虑活荷载均匀分布于拱圈全宽;拱上建筑采用排架式墩的双曲拱桥和活荷载横桥向布置超过拱圈范围的双曲拱桥,可按弹性支承连续梁法计算活荷载横向分布系数。

⑥结构计算时可将拱波、拱板及主拱肋等各构件无明显脱开的主拱圈看成整体截面,并以主拱肋混凝土为标准层,将拱波、拱板强度及主拱肋内钢筋强度与拱肋强度的比值进行等效换算,得到计算截面特性;并可依据截面面积相等、截面高度相等及重心位置不变的原则进行等效截面换算。

(3)加固改造后双曲拱桥上部结构自重有改变时,宜对相关构件及地基进行结构检算。

(4)对抗震设防烈度为Ⅵ度及Ⅵ度以上地区的双曲拱桥加固改造,应依据现行行业标准《公路桥梁抗震设计细则》(JTG/TB02－01—2008)进行抗震设计。

五、双曲拱桥加固施工原则

(1)大型双曲拱桥加固改造工程宜进行施工阶段风险评估。

(2)施工时应对主拱的主要受力控制点进行变形观测。当实际变形超过计算位移值时,应立即停止施工并及时分析原因。

(3)双曲拱桥加固改造工程施工管理应符合下列规定:

①施工应由具有相应资质及类似工程施工经验的施工单位进行,并聘请具有旧桥加固工程施工经验及相应资质的工程师进行全过程监理。

②施工应按国家有关基本建设程序做好准备工作及技术交底、编制实施性施工组织设计、制定必要的施工工艺细则,采取有效措施确保加固改造质量。

③施工前技术交底时,宜会同桥梁检测单位和设计单位现场复查双曲拱桥技术状况,并将复查结果通知委托方。

④双曲拱桥加固改造施工时宜进行施工监控(测)。

⑤拆除原有结构前应按设计要求编制拱上建筑拆除专项施工组织方案及安全事故预防预案。

(4)施工时宜全桥封闭交通。对需半幅通车的桥梁,应避免在交通高峰期作业,并在施工及养生期间按通行车辆限速 5 km/h、限载 20 t 的要求进行交通管制。

第六章　双曲拱桥危桥加固技术及实施方案

一、桥梁常用的加固方法

加固的公路旧桥中，大多为20世纪80年代前修建的桥梁，桥型以钢筋混凝土简支板桥、钢筋混凝土简支空心板桥、钢筋混凝土连续板桥、钢筋混凝土简支T梁桥、石拱桥、钢筋混凝土双曲拱桥、板拱桥、肋拱桥等为主。

我国的相关学者及交通部门对桥梁的加固方法进行了调查，常用的加固方法为粘贴FRP加固法、粘贴钢板法、增大截面面积法、改变结构体系加固法及体外预应力法等，各种加固方法所占比例见图6-1。

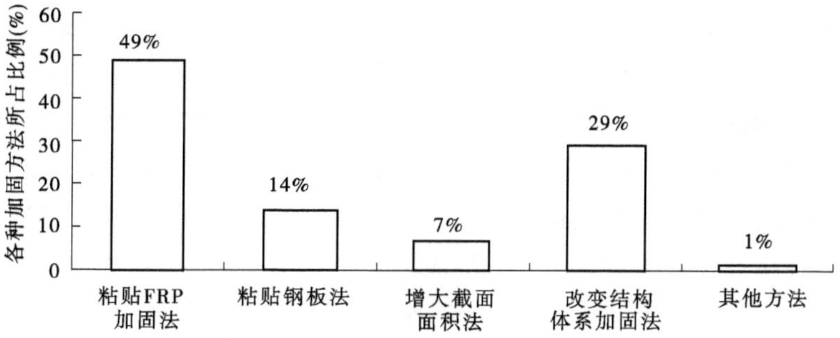

图6-1　桥梁常用加固方法所占比例

由图6-1可知，采用粘贴FRP加固法的桥梁占加固桥梁总数的49%，改变结构体系加固法占加固桥梁总数的29%，粘贴钢板法占加固桥梁总数的14%，增大截面面积法占加固桥梁总数的7%，其他方法占加固桥梁总数的1%。

因粘贴FRP加固法具有良好的耐久性，用FRP代替钢束进行体外预应力加固得到了很大的发展，所占比例呈逐年上升的趋势。如果遇到未涉及的加固方法，再针对此问题进行具体分析。

（一）增大截面面积加固法

增大截面面积加固法是指在原构件上布设钢筋混凝土，以达到增加结构承载力的方法。

1.加固类型

增加梁截面法主要有三种方式：锚喷混凝土、增加梁肋和加厚桥面板。

锚喷混凝土法指利用喷射工具将混凝土高速喷射到钢筋网上，待混凝土凝结硬化后形成新的截面，加固原理是利用增加的钢筋混凝土结构增强桥梁的受力性能，提高其承载能力。

增加梁肋常被用于T梁的加固，一般在加宽梁体的下翼缘或新增截面中加入纵筋。

为确保新旧混凝土间的黏结性满足要求，用锚固钢筋将新旧主筋相连，新增混凝土用模板现场浇筑。

墩台基础工作状况良好的情况下，由于主梁（板、拱）截面面积过小而导致桥梁的承载力不足时，可重新浇筑钢筋混凝土的补强层。在加固过程中，桥面板上还需铺设钢筋网，且每隔一段距离布置桩柱式剪力键、齿形剪力槽或胶结层，保证新老混凝土之间良好的黏结性。

在加固过程中，为了使新老混凝土能够牢固地黏结在一起，一般在其结合面处植入抗剪钢筋或锚杆，并在原构件上涂界面剂。界面剂主要分为水泥类、环氧类等，设计规范还对两端的黏结剂和锚固措施做了相关规定。

2. 适用范围

此方法适用于预应力构件或钢筋混凝土构件压、弯能力不足的情况，它可以提高受弯和受压构件的刚度以及抗弯、抗剪的性能，但也存在着自身的局限性，如增加截面面积会影响结构空间的利用率等，对原构件承载力的提高有一定的局限性。

（二）粘贴钢板法

粘贴钢板法是指采用黏结剂将钢板粘贴到原构件上，保证钢板与原构件能够共同受力，提高结构承载力的一种加固方法。

适用范围：一般用于受弯、受压和受拉的钢筋混凝土构件的加固情况，它是一种被动加固法，粘贴钢板后构件的挠度不会降低，裂缝也不会闭合，因此需要在加固前对桥梁卸载来降低挠度、闭合裂缝，改善混凝土和钢筋的应力状态，提高构件的承载力。

粘贴钢板法不需要破坏原结构，加固后几乎不会增加原构件的截面尺寸，加固工艺简单，施工速度快，不需要中断交通，对人员的施工技术要求比较低，施工质量也容易保证。但钢板的防腐是粘贴钢板法最大的问题，与其他加固方法相比，粘贴钢板法对钢板后期的养护有更高的要求。

（三）粘贴 FRP 加固法

粘贴纤维复合材料（FRP）加固法指采用黏结剂将纤维布（如 CFPR、玻璃纤维等复合材料）粘贴在原结构的损坏部位，使新旧材料形成整体，共同受力，以提高构件的抗剪和抗弯能力的加固方法。

1. 加固类型

（1）梁、板受弯加固方式：指为了达到提高构件的受力性能，有效约束裂缝发展的目的，在梁（板）的受拉侧粘贴与构件的轴向方向相同的 FRP 的方法。

（2）受剪加固方式：采用环包、侧面或 U 形粘贴 FRP 布的方式加固构件，提高梁、柱的受剪性能，改善钢筋混凝土受压柱的延性和耐久性，粘贴的纤维方向与构件轴向垂直。

（3）抗震加固方式：采用 FRP 环包方式约束混凝土，改善钢筋混凝土柱的延性和抗震性能，纤维的方向应与柱子轴向相垂直。

2. 适用范围

FRP 因其高强度、高弹模及良好的抗疲劳性和耐久性，被广泛用于提高钢筋混凝土受压柱的延性、耐久性以及梁、板的抗弯性等桥梁加固工程中，但应用此方法加固时费用较高，黏结胶的耐火性和耐久性比较差，不能用于要求绝缘的场合。

（四）改变结构体系加固法

改变结构体系加固法指通过改变结构受力体系类型，达到降低主梁应力，提高结构承载力的加固方法。

1. 加固类型

改变结构体系加固法主要有两种方式：增设支撑法和简支变连续法。增设支撑法包括在简支梁下面增加桥墩或者支架，梁体下增设叠合梁或钢桁架，改小桥为桥涵三种形式。在满足泄洪或通航要求的前提下，增设支撑法需要在桥下设置永久性或临时性结构；而简支变连续法受力体系明确，费用较少，不用受到通航或者净空的限制，被广泛应用于桥梁的加固工程中。

简支变连续加固法分为预应力和非预应力两种方式。预应力法是指为达到桥梁体系的转换，在相邻梁间的桥墩顶部浇筑湿接头，待混凝土强度达到规定的强度后张拉预应力筋的方法。非预应力法是指在梁体的负弯矩区段布置普通受力钢筋，通过浇筑混凝土将墩顶两侧的梁体结合为一体，此时简支梁转换为连续梁。

2. 适用范围

改变结构体系法适用于将简支梁桥通过一定的手段转变为连续梁来降低正弯矩的情况。此方法可以避免使用大量的脚手架和机械设备，降低施工成本；将简支梁转变为连续梁后，可减少伸缩缝的设置数量，提高行车舒适度；加固时不需要凿除保护层，结构的损害程度很小，施工过程中对交通影响比较小，此方法被广泛应用于桥梁加固工程中。

（五）体外预应力加固法

我国加固设计规范对其做出了定义：体外预应力加固是通过增设体外预应力索对既有混凝土梁体主动施加外力，以改善原结构受力情况的加固方法。此方法属于主动加固方式，被认为是目前加固预应力混凝土和钢筋混凝土简支梁桥最有效的方式之一。

1. 体外预应力加固体系结构组成

体外预应力加固体系由体外预应力索及防腐系统、转向装置、锚固系统三部分组成，当体外索的长度超过 10 m 时，需要布置定位器。

1）体外预应力索及防腐系统

体外预应力索及防腐系统由预应力索、管道和灌浆材料组成。

传统的体外预应力索由钢绞线组成，分为外表涂层、普通级别和外包 PE 的无黏结钢绞线。钢绞线一般采用低松弛钢绞线，是目前全球应用范围最广的预应力加固材料，近年来鉴于 FRP 良好的耐腐烛性、耐疲劳性等优点，FPR 正在逐渐代替传统的钢制材料，被广泛应用于桥梁加固工程。

管道有两种形式：一种形式是在锚固区采用钢管，其他部位采用 HDPE 管道；另一种形式是管道全部采用钢管。

灌浆材料分为非刚性灌浆材料和刚性灌浆材料两种类型，其中非刚性的为油脂或石蜡材料，刚性的为水泥材料。

2）转向装置

转向块根据材料不同大致可以分为 3 类：钢管、HDPE 管或两者的组合。根据预应力束的布置形式，转向装置分为两类：单层套管式（整束式）和双层套管式（分束式）。

3）锚固装置

体外预应力钢束加固的锚固方法有：夹片式锚固、U 形钢板的锚固、高强螺栓黏结—摩擦锚固等。FRP 作为新兴的体外预应力锚固材料，发展的时间还比较短，对锚具的制作和评定还未形成统一的规定，常用的锚固系统分为纤维类锚具、夹持式锚具、套筒式锚具、栓钉机械锚具。

2. 适用范围

体外预应力加固法能够在不影响交通和不增加桥梁自重的情况下进行施工，但加固施工的设备和工序比较烦琐，并且预应力束与梁体的锚固区往往存在较大的应力。此方法适用于以下几种情况：梁的正截面抗弯承载能力不足或钢筋锈蚀的情况，梁的抗弯刚度过小导致梁体产生裂缝超限的情况，梁的斜截面抗剪承载能力不足的情况。

（六）闭合裂缝

混凝土裂缝分为结构裂缝和非结构裂缝。由于结构的承载力不足而产生的裂缝称为结构裂缝，对桥梁的承载力影响较大。如果由温度、混凝土收缩徐变引起的裂缝（非结构裂缝），对桥梁承载力的影响较小。

工程中一般采用表面封闭法、自动低压渗注法和压力灌注法三种方式对构件进行加固。封闭法是指在构件的表面涂抹胶黏剂、水泥砂浆等材料修补表面细小的裂缝；自动低压渗注法是借助压力装置，将注浆材料渗透到裂缝中对结构进行修补；压力灌注法是利用压力将水泥架或修补胶注入裂缝内，以达到修补填充的目的。

二、加固后桥梁常见二次病害

（一）增大截面面积结构的二次病害

1. 受力破坏模式

新、旧材料的龄期或物理特性相差很大，往往会引起结构的“附加应力”，结合面处出现压、弯、拉、剪等复杂的应力状态，导致结合面的错动、分离现象。旧材料的亲水性和新旧材料间的空隙作用，削弱了两者间的黏结力，首先会在最薄弱的部位也就是结合面处产生受力裂缝。此外，构件的二次受力问题也会加剧原构件的破坏程度。

随着时间的增加，桥梁的变形不断变大，两端的锚固装置往往发生黏结失效、植入的钢筋发生剪切变形等病害。研究表明：如果结合面处只有黏结剂，黏结失效后发生脆性破坏；如果结合面植有抗剪钢筋，当荷载较小时，剪力主要是由结合面的黏结力承担，当荷载较大时，结合部位产生微裂缝，之后黏结力基本丧失，荷载主要由钢筋承担，最终因混凝土孔壁和钢筋发生黏结破坏导致整个加固的失效。

2. 耐久性损坏

由于新旧材料之间存在不可避免的空隙，共同工作一段时间后，结合部位会出现裂缝、渗水、钢筋锈蚀等病害，混凝土构件出现裂缝、剥落、露筋现象，当加厚桥面板采用环氧树脂进行黏结时，还要考虑黏结剂的老化问题。

（二）粘贴钢板结构的二次病害

国内外对粘贴钢板法进行了大量的试验研究和工程实践，结果表明导致结构加固失效主要有两方面原因：一方面是由于黏结剂老化导致钢板端部锚固力不足，导致混凝土和钢板间发生剥离破坏;另一方面是由于防腐措施不到位而导致钢板锈蚀,降低了钢板的强度。

1. 受力破坏模式

(1)受压破坏:当钢板较厚时,会出现混凝土压碎、钢板未破坏的现象,结构的承载力取决于构件本身。当钢板厚度适中时,钢板和混凝土发生同时破坏,此时承载力取决于原结构和加固部分的变形协调能力以及材料的强度。当钢板厚度较小时,则钢板发生屈服,受压区的混凝土未被压碎,结构的承载力取决于钢板的强度。以上三种情况均未发生黏结破坏。

(2)剪切破坏:指桥梁的加固构件由于抗剪力不足而发生剪切破坏,此时原结构和加固部分并未发生粘贴破坏。

(3)钢板剥离:开始受力时原结构与加固部分能够协调变形,随着荷载的增加,钢板端部产生的集中应力导致结构胶脆性断裂,钢板由两端迅速向中部剥离破坏,此时加固后结构的承载力取决于钢板端部黏结剂的抗剪力和锚固装置的可靠性。

(4)黏结失效:如果胶体的黏结力较大,钢板端部与构件底部的混凝土发生剪切破坏,端部的整个保护层被撕裂,此时结构的承载力取决于钢板的锚固措施。

(5)钢板锚固后的构件破坏:一般发生钢板的局部屈曲或锚栓的剪断两种破坏类型:U(或L)形箍与混凝土剥离,钢板与锚栓结合的部位发生拉脱;钢板压条发生剪切变形,压条在锚栓处拉脱。

(6)在受压区粘贴钢板受力的破坏模式:跨中部位的钢板外凸变形,端部的锚固措施发生破坏。

2. 耐久性损坏

影响结构黏结力的主要因素为钢板的厚度和黏结剂的老化问题。黏结剂在紫外线的作用下发生化学反应,但由于受到粘贴钢板的屏蔽,在光的照射下对黏结剂的影响比较小。与紫外线相比湿热环境对黏结剂的耐久性影响较大,是影响其耐久性的主要因素。

在外界环境和施工工艺的影响下,钢板往往会发生涂层劣化、锈蚀、焊缝开裂、钢构件裂缝等问题,端部锚固螺栓损失、锈蚀。

(三)粘贴 FRP 的结构二次病害

1. 受力破坏模式

根据工程经验和试验研究,受弯构件的受力破坏主要有三种形式:第一种是由于梁体出现弯剪斜裂缝,FRP 在裂缝处发生剥离破坏,随着裂缝的开展,FRP 剥落延伸到梁端,最终造成整个加固结构的破坏;第二种是由于 FRP 端部发生应力集中导致混凝土构件出现裂缝,在纵筋处发生保护层的拉剪破坏;第三种是由于原构件与 FRP 两种材料之间的黏结强度不足,发生加固后的锚固破坏。

当采用 U 形箍或压条锚固时,承载力难以满足要求,可能会造成 FRP 断裂或锚固结构与原构件之间的剥离破坏。当采用机械锚固时,在外界环境的影响下,锚栓可能发生锈蚀、松动、失效等现象。

2. 耐久性损坏

国内外研究表明,FRP 在水、冻融、高低温、盐溶液等不利环境下,纤维本身并不会发生耐久性病害。FRP 的耐久性基本上取决于树脂基体的性能,环氧树脂层的老化往往引起 FRP 剥落、开胶等现象。

采用 FRP 加固的构件受力时，纤维材料由于承载力不足或应力不均引起纤维丝断裂。由于施工工艺的不足，一般会引起 FRP 的局部黏结质量问题，如 FRP 未能用树脂胶浸泡充分，黏结基面处理不好等。这些问题会导致构件与加固材料之间的空鼓缺陷，在外力的作用下，很容易发生剥离破坏。

（四）改变结构体系结构的二次病害

如果采用增设支撑法加固桥梁，需要确保原结构与支撑结构间的连接牢固可靠，必要时可采用销栓或植筋对结构进行锚固。随着加固结构服役年限的增加，加固构件可能会发生涂层劣化、锚栓或植筋锈蚀、剪切变形等病害。

当采用预应力法来加固结构时，需要在负弯矩区段施加预应力，确保梁体在使用阶段不出现裂缝，增加结构的刚度，减小主梁跨中的弯矩值。但改变结构体系法对施工工艺的要求比较高，后期预应力筋的防腐问题也较多。

如果采用非预应力法对桥梁结构进行体系的转换，需要将新加的纵向钢筋连接，但由于接缝处空间的限制，黏结的质量难以保证，造成钢筋过早脱燥。湿接缝和原梁的端部位于负弯矩和剪力最大的范围内，是加固后桥梁最薄弱的部位，盛兴旺对支座处的湿接头进行了疲劳破坏研究，指出疲劳荷载会降低其抗裂性能，在加固一段时间之后往往会产生混凝土开裂现象。

（五）体外预应力结构的二次病害

1. 体外预应力筋及防腐系统病害

受力方面，采用体外预应力加固梁有以下几种破坏形式：梁底部的受拉钢筋屈服，受压区混凝土被压坏；受压区混凝土发生碎裂现象，同时体外的 FRP 断裂；梁的挠度过大，受压区的混凝土碎裂；转向装置或者锚固装置破坏失效。

FRP 加固体系的疲劳破坏形式为：在重复荷载的作用下，FRP 的应力不断下降，与混凝土之间发生剥离破坏，钢筋的应力不断增大，超过其疲劳极限后拉断破坏。

耐久性方面，在传统的体外预应力加固方法中，低松弛钢绞线应用最为广泛，由于钢筋裸露在外，容易发生锈蚀，一般采用钢管或钢管与 HDPE（高密度聚乙稀）管道结合的防腐措施，并注入防腐材料。然而近年来的调查结果显示，几乎所有的 HDPE 套管都出现了老化、开裂等现象，钢套管出现了不同程度的锈蚀，防护层破损、渗水等病害。随着 FRP 加固技术的发展，FRP 以其良好的耐腐蚀性和高强度得到了越来越广泛的应用。

2. 转向装置病害

转向装置主要组成部分为混凝土转向块（或肋）、钢制转向装置、钢管、HDPE 管、螺栓、四氟乙稀板、黏结剂。

受力方面，转向块是转向装置中很重要的结构，加固设计规范规定了转向块抗剪和抗拉承载力验算步骤。在复杂应力的作用下，混凝土转向块（肋）可能会出现裂缝或压碎现象，钢制转向块或螺栓出现不同程度的变形，钢件焊接部分出现脱焊现象；加固前后混凝土结合界面连接出现不同程度的损害，钢块和原梁的黏结面滑移、破坏；随着荷载的增加，桥梁继续变形会使转向装置承受更大的应力，转向块可能发生拉脱现象。

耐久性方面，转向块所采取的防腐措施没有预应力筋严密，混凝土转向块可能发生不同程度的混凝土耐久性病害，钢制转向块或者螺栓可能会出现锈蚀、HDPE 管老化、开裂等病害。

3. 锚固装置病害

1)预应力 FRP 束

受力方面,若螺栓的数量较多,受力较大时往往会发生 FRP 拉断的现象。当采用套筒式锚固和栓钉机械锚固进行体外预应力加固时,在疲劳荷载作用下会发生黏结剂的老化,螺栓松动、诱蚀等病害。

耐久性方面,预应力 FRP 的 U 形箍在外界环境作用下,夹持式锚具易发生钢板的锈蚀;黏结剂的老化引起 FRP 从锚具中滑出,滑移面为 FRP 和胶体的界面。

2)预应力钢束

受力方面,预应力钢束加固体系中所施加的预应力是通过面积不大的销垫板传递给原结构的,锚具局部承受了很大的压力,导致锚固端混凝土产生裂缝,加速锚具的锈蚀;如果受力过大,还会发生螺栓松动、钢板扭曲,最终导致加固失败。

耐久性方面,预应力钢束采用的锚具一般用金属制作,锚具的防腐措施并不严密,在自然条件下容易发生锚具锈蚀问题,黏结胶可能发生老化、脱胶等病害。

(六)裂缝闭合后结构的二次病害

由于自然环境和人为因素的影响,裂缝修补后经过一段时间往往会发生再次开裂现象,并伴有渗水,影响桥梁的耐久性。

(七)加固后桥梁结构常见二次病害总结

通过对采用常用加固方法加固的桥梁结构二次病害的分析,本章从受力性和耐久性两方面对病害进行了总结和归纳。

将加固结构的类型分为原构件、构件的加固部分及两者结合部位结构三种。加固材料主要分为钢筋混凝土、钢材、FRP 和黏结剂四种;原材料为钢筋混凝土和砌体材料两种,对于原构件只列出规范并未指出的新病害。加固后结构的二次病害见表 6-1。

表 6-1 加固结构的二次病害

结构类型	加固材料类型	病害描述
加固部分结构	钢筋混凝土部分	蜂窝、麻面、掉角、剥落、孔洞
		混凝土碳化,钢筋锈蚀,混凝土强度和保护层厚度变小
		新增钢筋混凝土部分出现裂缝
		新增钢筋混凝土部分发生变形、开裂现象
	钢材	涂层起皱、脱落 钢结构出现锈蚀损坏 钢构件出现裂缝现象,焊缝处开裂;钢绞线套管(HDPE 管等) 老化、破损开裂,承载力不足导致钢绞线断裂 钢板变形异常,出现外凸等不协调现象;锚固部位钢板拉脱
	FRP	由于施工工艺问题,FRP 与构件黏结面有气泡、空鼓 胶体基质老化,FRP 与构件发生剥离现象 受力不均 FRP 个别断丝,承载力不足,发生 FRP 断裂

续表 6-1

结构类型	加固材料类型	病害描述
原结构	钢筋混凝土材料	钢筋混凝土构件出现保护层撕裂
两者结合部位结构	黏结剂	黏结剂老化,黏结面开裂,结合面错动
	锚栓或锚杆	锚栓或锚杆锈蚀、剪切变形
	锚固装置	混凝土锚固块开裂、碎裂;钢制锚固块锈蚀、变形
	转向装置	混凝土转向块开裂;钢制转向块锈蚀、变形、拉脱

三、加固实施

(1)施工组织设计。

(2)加固工程监控。

(3)加固后验收评价。

(一)施工准备

(1)在施工前,应对加固桥梁技术状况进行复查,并将复查结果通知有关单位。在桥梁的加固施工过程中,应加强观测与检查,及时反馈信息指导施工。

(2)材料检验。桥梁加固施工时使用的主要材料应具有国家相关管理部门认定的产品性能检测报告和产品合格证,其物理力学性能指标应满足设计要求。桥梁加固用材料的检验应依据国家及行业现行有关标准执行。

(3)机具标定。对桥梁各类试验和检测仪器应进行标定,桥梁加固设备应按要求校验,标定和校验应由经有关主管部门认定的计量机构进行。

(二)施工组织设计

(1)应按照设计文件和技术规范要求编制实施性施工组织设计。

(2)桥梁加固实施性施工组织设计应包括以下内容:编制说明、旧桥概况(含技术状况评定结果)、施工准备及施工总体策划、施工组织机构、加固施工方案、交通组织方案、资金计划、总进度计划及进度图、质量管理和质量保证体系、安全生产、环境保护、职业健康等。

(3)桥梁加固施工前应进行施工技术交底。

(三)施工安全及环境保护

(1)桥梁加固施工,必须严格遵守安全操作规程,建立健全安全生产管理制度。

(2)采用化学材料施工时,应符合以下规定:

①配制化学浆液的易燃原料,应密封保存,远离火源。

②配制及使用场地必须通风良好,操作人员防护应符合有关劳动保护要求。

③工作场地严禁吸烟、明火取暖,并配备相关的消防设施。

④施工完成后现场及结构内不应遗留有害化学物质。

(3)桥梁加固施工应严格控制对原结构的损伤。

(4)对处于受力状态下的结构构件进行加固时,若对原结构有削弱,应采取限载或支架支撑措施。所搭设的支架应通过按最不利荷载进行的验算。

(5)桥梁加固施工宜在晴天和白天进行。必须在不良天气或夜间施工时,应有相应的施工保障措施。

(6)桥梁加固施工,应采取必要措施保护生态环境。

四、危桥临时通行

桥梁加固施工时,应减少对交通的影响。对于不中断交通桥梁的加固施工,必须采取以下安全措施:

(1)施工前应与公路及交通相关管理部门办理有关手续,按批准的时间、范围进行施工。

(2)严格按现行《公路养护安全作业规程》设置警示牌、限速牌、反光锥和其他安全设施。桥下有通航要求时,应布置航行标志和警示灯。

(3)桥梁加固前,作业区路段各公路出入口及作业区前方适当位置应设置公告信息牌,并向社会发布相关公告信息。

(4)桥梁加固施工前,应制订由交通事故、车辆故障等引起的交通堵塞应急预案,在突发事件发生后及时启动。

第七章　双曲拱桥危桥加固效果检测评价

加固后桥梁的评定是指以加固后桥梁的技术状况为目标，针对当前桥梁的工作状态，综合考虑加固前的破损状态、加固设计以及施工等因素，综合评定桥梁各构件的承载能力或可靠度。

一、加固质量评价

桥梁加固质量检验评定指标的确定，无疑为质量检验评定明确了方向，但采取什么研究方法对加固工程质量进行检验评定又是一个亟待解决的问题。为了能够比较准确而完整地反映桥梁加固质量，需要将检验评定主要指标通过某种准则或方法综合形成一个完善的体系，而层次分析法的提出，便能很好地解决这一问题。依据桥梁加固质量检验评定主要指标的递阶层次关系，应用层次分析法，建立层次分析结构模型，形成完整的主要指标体系。由于桥梁结构的复杂性、加固处治技术的多样性以及桥梁加固质量影响因素的不均衡性，在进行加固质量检验评定时，会适时增减检验评定指标，相应指标权重也随之而改变，但是又没必要将所有主要指标全部重新确定权值，此时，应用变权理论即可将指标量化过程简化。同时，桥梁加固工程作为一个复杂的、具有模糊性的系统，在对加固质量进行评定时，难以用精确的数学语言描述，而应用模糊综合评判法，则可对加固质量的综合评定取得满意的效果。本章便对桥梁加固质量检验评定所应用的研究方法进行详细阐述。

（一）层次分析法

层次分析法又称 AHP 构权法（analytic hierarchy process，简写为 AHP），是由美国运筹学家匹茨堡大学教授萨蒂（T. L. Saaty）于 20 世纪 70 年代初提出的，它将与决策目标相关的元素依次分为目标层、准则层及方案层，对决策问题的影响因素、本质及内在的关系进行了深入的特性分析，并在此基础上进行层次间的定性和定量计算，从而为多目标、多准则或复杂问题提供简便的决策方法，对难以完全定量的复杂系统做出决策模型。

其基本原理是将需要评价或识别的复杂系统（决策系统）层次条理化、清晰化，再由专家或决策者对所列指标依据重要程度两两比较逐层进行判断评分，利用计算判断矩阵的特征向量确定下层指标对上层指标的贡献程度或权重，从而得到最基层指标对于总体目标的重要性排序，该方法的关键是层次的划分、权重的确定以及排序的合并规则。

将层次分析法应用于桥梁加固质量检验评定，首先要建立桥梁加固质量检验评定层次分析结构模型。这个模型应该能够比较准确地包含检验评定的各项主要因素，通过对这个模型进行层次分析能够比较完整地反映桥梁的加固质量。在建立模型的过程中，应考虑如下原则：

（1）科学性原则：模型应整体反映桥梁的加固质量，利用现行加固设计、施工规范和借鉴相关质量检验评定标准，建立基本概念清晰和逻辑结构严谨、合理的检验评定指标体系，要求抓住检验评定对象的实质，并具有针对性。

(2)简捷优化原则：以较少的检验评定指标较全面、系统地反映桥梁加固质量的内容，既要避免指标体系过于庞杂，又要避免单因素选择，追求的是评定指标体系的总体最优或满意，同时，次级指标应能够量化，评估指标的取得应简单易行，便于操作，技术上可行，经济上合理。

(3)层次性原则：所选指标既能反映单位工程情况，又能反映各分部工程和各分项工程情况，同层次指标之间尽可能界限分明，避免出现相互有内在联系的若干组、若干层次的指标体系，要求体现很强的系统性。

(4)实用性原则：指的是适用性、可行性和可操作性，指标要简化、方法要简便、数据要易于获取、整体操作要规范。

(二)变权理论

在层次分析结构模型中，各层次的权重一般都是固定的，不随各指标评定值的变化而变化，但是各评定指标状况本身会随着时间的推移或其他影响因素状况的改变而不断变化，因而各评定指标间权重的分配也是不断变化的，是一个动态过程。因此，为保证评定结果的合理性和客观性，在桥梁加固质量检验评定中，由于桥梁结构的复杂性、加固处治技术的多样性和加固质量影响因素的不均衡性，需要动态地增大或减小某些指标的权重，甚至增加或减少某些指标，这就是变权理论的基本原理。

依据变权理论的基本原理，结合桥梁加固质量检验评定的实际情况，将被加固桥梁所处地区的环境因素、施工人员素质和机械设备这三个“动指标”引入桥梁加固质量检验评定指标体系中，针对具体的加固工程，应用变权理论，确定“动指标”对桥梁加固质量的影响程度，修正各个评定指标的权重。

(三)模糊综合评判法

由于影响桥梁加固工程质量的因素众多，许多因素无法检测和直接量化，对加固质量进行检验评定时，具有一定的主观性和不确定性，因此桥梁加固工程质量检验评定是一个很模糊的概念，难以用精确的数学语言描述。目前，工程检验评定中一般是通过建筑物的观感质量来评定结构的质量，而对结构质量的一些本质特征，只能通过试验报告或质量记录对其进行认定，没有考虑工程质量的模糊性和质量检验评定的模糊性，因而难以客观、全面地反映工程质量。针对桥梁加固工程质量检验评定，尽管应用数理统计方法可以为其提供大量的量化数据，然而，量化后的质量特征值的大小对桥梁加固工程整体质量的重要性具体有多大，仍然是一个很模糊的问题。鉴于此，应用模糊综合评判法，可以避免桥梁加固工程质量检验评定的主观随意性，增强检验评定工作的客观公正性。

现实世界中存在着大量事物无法被精确描述的现象，这种现象被称为模糊现象，它具有不确定性。综合评判是综合决策的数学工具，是对具有多种属性的事物，或者说其总体优劣受多种因素影响的事物，做出一个能合理地综合这些属性或因素的总体评判。若在综合评判过程中涉及模糊因素，便称作模糊综合评判，这种方法即为模糊综合评判法。

模糊综合评判法是以模糊集合论为理论基础，引入隶属函数(隶属度)这一概念，应用模糊数学运算，从多个因素对被评定事物隶属等级状况进行综合性评判。它不但可得出评判对象的评判等级，而且可得到其隶属于各个等级的具体情况等有用信息，因此目前被广泛应用于土木工程领域。

模糊数学综合评判称检验评定中规定的检评项目为“因素”，被检验项目评定要求的文字语言用“隶属度”数字语言进行定量评判，并由此确定其质量等级。

二、荷载试验法

荷载试验法分为静载试验法、动载试验法及动静载结合法三种方法。

(1)静载试验法是指通过选择最不利或损伤最为严重的桥跨截面为控制截面，根据规范的相关规定及检测结果，施加等效外荷载，利用专门的仪器测试桥梁的挠度、位移、应变、应力及裂缝宽度，分析其刚度、强度、承载力等方面的状况，比较分析结果是否满足规范的限值，对桥梁的工作状态进行综合评定。

(2)动载试验法是指测试桥梁在外荷载的激励作用下的振幅、频率、冲击系数、阻尼比等参数是否满足规范限值或理论限值，以此判断桥梁结构的刚度、行车平整度等性能指标是否符合要求，以便对桥梁结构整体的受力状态和损伤情况有较为全面的了解。

(3)动静载结合法是综合运用以上两种方法，对桥梁的整体工作状况和损伤情况进行检测和评定。不足之处为在进行静载试验时需要中断交通，费用较高，而且动载法对试验仪器精度的要求比较高，价格也比较昂贵。

三、加固后质量验收及评价

(一)混凝土桥梁表层缺陷处理

桥梁混凝土缺陷修补完成后表面应平整，无裂缝、脱层、起鼓、脱落等，修补处表面应和原结构表面色泽基本保持一致。修补后平整度允许偏差值应符合表 7-1 的规定。

表 7-1 平整度允许偏差值实测项目

项目	允许偏差	检查方法与频率
梁体平整度(mm)	5	钢尺丈量
阴阳角(°)	5	尺量

对浇筑面积较大的混凝土或砂浆，应预留强度试块；新旧混凝土的黏结情况可通过敲击法和钻芯取样法检测。

敲击法或称声波反射法，采用小锤轻轻敲击新浇混凝土表面，若有空响声，表明新旧混凝土界面黏结不好。此法适用于较薄混凝土的修补检测。

钻芯取样法通过钻取小芯样直接观察混凝土的密实度和新旧混凝土之间的黏结情况，也可通过芯样劈裂试验来评判新旧混凝土间的黏结强度是否满足加固要求。

桥梁混凝土表面涂装应无漏喷、流挂、针孔、气泡、色泽不均等异常情况。涂装表面应均匀平整。桥梁混凝土表面涂装应符合表 7-2 的规定。

表 7-2　桥梁混凝土表面涂装实测项目

项次	实测项目	规定值或允许偏差	检查方法和频率
1	总干膜平均厚度	≥设计厚度	涂装完成 7 d 后进行测定。每 50 m^2 面积随机检测 1 个点，测点总数不小于 30 个
2	总干膜最小厚度	≥0.75 设计厚度	

（二）裂缝的处理

表面封缝材料固化后应均匀、平整，不出现裂缝，无脱落。

当注入裂缝的修补胶达到 7 d 固化期时，应采用钻芯取样法对注浆效果进行检验。芯样检验应采用劈裂抗拉强度测定法。当检验结果符合下列条件之一时符合设计要求：

（1）沿裂缝方向施加的劈力，其破坏应发生在混凝土部分（即内聚破坏）。

（2）破坏虽有部分发生在界面上，但这部分破坏面积不大于破坏面总面积的 15%。

用钻芯取样法钻取芯样，观察混凝土界面的黏结情况及饱满程度。钻取芯样应符合下列规定：

（1）取样的部位应由设计单位决定。

（2）取样的数量应按裂缝注射或注浆的分区确定，但每区应不少于 2 个。

（3）芯样应骑缝钻取，但应避开内部钢筋。

（4）芯样的直径不应小于 50 mm。

（5）取芯造成的孔洞，应立即采用强度等级较原构件提高一级的小石子混凝土填实。

（三）梁桥加固

桥梁加固施工使用的主要材料性能，应在加固工程现场取样进行检验，并应符合设计要求。

新增混凝土强度的原位检测可采用超声—回弹综合法，钻芯法等方法。

1. 粘贴钢板法

（1）锚栓的植入深度应符合设计要求，钻孔深度偏差不应大于 5 mm。

（2）目测钢板边缘的溢胶色泽应均匀，胶体应固化。

（3）钢板的有效黏结面积应不小于 95%，可采用以下三种方法检查：

①敲击检测法。

②超声波检测法。

③红外线检测法。

2. 粘贴 FRP 加固法

碳纤维复合材料施工质量检验及验收标准应符合表 7-3 的要求，其他纤维复合材料参照相关标准执行。

现场粘贴金属块进行加载试验，观察破坏形式，判断粘贴效果是否合格。试验要求应符合《混凝土结构加固设计规范》（GB 50367—2013）的相关规定。

3. 体外预应力法加固

体外预应力法加固的张拉力及尺寸偏差应符合表 7-4 的要求。

表 7-3 碳纤维复合材料粘贴质量检验实测项目

<table>
<tr><th>项次</th><th colspan="3">检验项目</th><th>合格标准</th><th>检验方法</th><th>频数</th></tr>
<tr><td>1</td><td colspan="3">碳纤维布材粘贴误差</td><td>中心线偏差≤10 mm</td><td>钢尺测量</td><td>全部</td></tr>
<tr><td>2</td><td colspan="3">碳纤维布材粘贴</td><td>≥设计数量</td><td>计算</td><td>全部</td></tr>
<tr><td rowspan="4">3</td><td rowspan="4">粘贴质量</td><td colspan="2">空鼓面积之和与总粘贴面积之比</td><td>小于 5%</td><td>小锤敲击法</td><td>全部或抽样</td></tr>
<tr><td rowspan="2">胶黏剂厚度</td><td>板材</td><td>2 mm ± 1.0 mm</td><td rowspan="2">钢尺测量</td><td rowspan="2">构件 3 处</td></tr>
<tr><td>布材</td><td><2 mm</td></tr>
<tr><td colspan="2">硬度(布材)</td><td>>70°</td><td>测量</td><td>—</td></tr>
</table>

表 7-4 体外预应力法加固的张拉力及尺寸偏差实测项目

<table>
<tr><th>项次</th><th colspan="2">检查项目</th><th>规定值或允许偏差</th><th>检查方法与频率</th></tr>
<tr><td rowspan="2">1</td><td rowspan="2">钢索坐标(mm)</td><td>梁长方向</td><td>±30</td><td rowspan="2">尺量:抽查 50%;各转折点</td></tr>
<tr><td>梁高方向</td><td>±10</td></tr>
<tr><td>2</td><td colspan="2">张拉力值</td><td>符合设计要求</td><td>查油压表读数:全部</td></tr>
<tr><td>3</td><td colspan="2">张拉伸长率</td><td>符合设计要求,设计未规定时,±6%</td><td>尺量:全部</td></tr>
<tr><td rowspan="2">4</td><td rowspan="2">断丝滑丝数</td><td>钢束</td><td>每束 1 根,且每断面不超过钢丝总数的 1%</td><td rowspan="2">目测;每根(束)</td></tr>
<tr><td>钢筋</td><td>不允许</td></tr>
</table>

构件的黏结钢板加固质量,一般采用非破损检验,外观检查钢板边缘的溢胶色泽、硬化程度,以小锤敲击钢板,检验钢板的有效黏结面积。检验金属结构的黏结质量,还可采用声振法、全息摄影法、X 射线透视法、超声法、热学法、声发射法等以仪器为主的检测手段,但如何应用于混凝土结构的粘贴钢板加固检验,尚有待进一步研究。对重大工程,其加固效果的检验尚需抽样进行加载试验,一般仅以标准使用荷载进行试验。加载后的构件应能满足设计使用要求。

(四)拱桥加固施工

大跨径拱桥拱上建筑拆除施工应在有效的监控下进行。

加固混凝土、钢筋、模板、焊接等的质量要求应符合现行《公路桥涵施工技术规范》(JTG/T F50—2011)的规定。

(五)桥梁基础及下部结构

1. 外包钢加固质量检验

以目测和锤击检查为主,重点检查结合面处理、预埋件、锚固情况等。要求对外包钢材的粘贴性能进行试验。

2. 承台加固质量检验

(1)水下修补工程可由潜水员或水下电视检验。

(2)修补质量可采用钻芯取样法、超声波检测法等进行检验。

3. 桩基加固质量检验

(1)钻孔灌注桩的质量检验，按现行的《公路桥涵施工技术规范》(JTG/T F50—2011)执行。

(2)静压桩的质量检验应符合以下要求：

①最终压桩力或压入深度应符合设计要求。

②桩身试块强度和封桩混凝土强度应符合设计要求，性能应符合现行的有关规定。

(3)桩位平面偏差不得超过±20 mm，桩节垂直度偏差不得大于1%的桩节长。

4. 套箍加固质量检验

(1)结构尺寸应符合设计要求。

(2)宽度和厚度应均匀，混凝土表面平整、密实。

(3)加固质量检验实测项目应符合表7-5的要求。

表7-5　套箍加固质量检验实测项目

项次	检查项目	规定值和允许偏差	检查方法和频率
1	套箍位置(mm)	±20	水准仪测，一周8～10点
2	套箍宽度(mm)	≥设计值	尺量，一周至少10点
3	套箍厚度(mm)	≥设计值	尺量，一周至少10点
4	预埋锚筋位置(mm)	±20	尺量，抽检20%

注浆质量检验应符合下列规定：

(1)注浆检验时间应在注浆结束28 d后进行。可选用标准贯入、轻型动力触探或静力触探对加固地层进行检测。对重要工程可采用荷载试验检验。

(2)注浆检验点为注浆孔数的2%～5%。当检验点合格率小于或等于80%，或虽大于80%但检验点的平均值达不到强度或防渗的设计要求时，应为不合格注浆区。

旋喷桩质量检验应符合下列规定：

(1)旋喷桩可采用开挖检查、取芯、标准贯入试验、荷载试验等方法进行检验，并结合工程测试、观测资料及实际效果综合评价加固效果。

(2)检验点应布置在下列部位：①有代表性的桩位；②施工中出现异常情况的部位；③地基情况复杂，可能对旋喷桩质量产生影响的部位。

(3)检验点的数量为施工孔数的1%，并不少于3点。

(4)质量检验宜在注浆结束28 d后进行。

(5)荷载试验必须在成桩28 d后桩身强度满足试验条件时进行，检验数量为桩总数的0.5%～1%，且每项单体工程不应少于3点。

第八章 双曲拱桥工艺保护和动态跟踪监测

一、公路危桥现状分析

（一）危桥发展趋势

根据交通运输部公路局公路养护统计数据库的数据，从桥梁所在公路行政等级看，国省道、农村公路桥梁数分别占桥梁总数的29.5%和69.7%，农村公路桥梁所占比重较大；从桥梁跨径看，特大桥、大桥、中桥、小桥分别占总数的0.2%、6.6%、21.6%、71.5%，主要以中小桥为主；88.3%的特大桥和64.4%的大桥分布在国省干线公路上；75.1%的小桥分布在农村公路上。

此外，在排查的354 494座桥梁中，建设年代在20世纪50年代及以前的有4 709座，20世纪60～70年代的有62 160座，20世纪80～90年代的有124 329座，2000年以后有155 173座。可见我国改革开放以后桥梁的增长速度之快。

根据文献资料，已投入运营的公路桥梁中，技术状况评定等级为一、二、三类的达496 931座，占桥梁总数的83.57%；四、五类即“危桥”的达97 698座，占桥梁总数的16.43%，危桥总数和危桥比例与2008年底统计数基本相当，其中：

一按公路行政等级划分，国省公路危桥6 658座，占危桥总数的6.8%，国省公路危桥比例为6.9%；农村公路危桥91 040座，占危桥总数的93.2%，农村公路危桥比例92.4%。由此可见，农村公路危桥占大多数。

二按桥梁跨径划分，中小桥占危桥总座数的95.6%，可见中小桥危桥数量占绝大多数。

三按桥型划分，梁桥和拱桥的危桥比例高达94.2%。

四按设计荷载划分，汽10～汽20的危桥占主体，比例达89.6%（见表8-1）。

表8-1 按承载重量分类的危桥情况

小计		公路Ⅰ级、汽－超20级		汽10、公路Ⅱ级、汽－20级		汽10以下		其他	
桥梁数	危桥数	桥梁数	危桥数	桥梁数	危桥数	桥梁数	危桥数	桥梁数	危桥数
354 494	97 698	99 157	4 611	248 470	87 507	6 527	5 474	340	106

五按建设年代划分，改革开放前的危桥数占同期桥梁总数的比例达50.5%（见表8-2）。

在交通运输部危桥改造导向性资金的引导下，各地对公路危桥的重视程度明显提高，养护投资也有所倾斜，近三年危桥总量及国省道危桥数量略有下降，公路危桥增加趋势得到有效控制，危桥数量也远远小于农村公路；受资金、重视程度及管理体制等因素的影响，农村公路危桥基本持平。

表 8-2 按建设年代分类的危桥情况

小计		中华人民共和国成立前		1949 年 10 月至 1980 年		1980 ~ 1999 年		2000 ~ 2009 年		年份不详	
桥梁数	危桥数	桥梁数	危桥数	桥梁数	危桥数	桥梁数	危桥数	桥梁数	危桥数	桥梁数	危桥数
354 494	97 698	952	441	65 917	33 356	124 329	43 962	155 173	16 687	8 123	3 252

(二)公路危桥存在的主要问题及原因分析

从排查总体情况看,尽管交通运输部近几年加大了危桥改造和监管的力度,各省对桥梁安全高度重视,对危桥改造计划执行情况也较好,应该说国省干线公路上的危桥增长的态势得到了有效遏制,但受车辆超载、养护资金短缺等主要因素的影响,危桥数量仍然“边治边增”,影响了公路的安全和畅通,具体表现在以下几方面:

(1)桥梁“老龄化”现象严重。从排查情况看,约占我国桥梁总数 1/3 的桥梁,建成于 20 世纪 50 ~ 70 年代,经过数十年运营,绝大多数桥梁已经陆续到了使用年限,加之长期以来一些桥梁超负荷运转,历史欠账多,并且受重载车辆的影响,目前桥梁病害已进入了相对高发期,技术状况自然降至危桥。尤其是一些双曲拱桥,受当时经济、技术条件限制,设计标准和承重荷载能力较低(允许最大重车 20 t),目前普遍存在主拱圈拱肋开裂、破损、钢筋外露锈蚀,拱波及腹拱圈开裂、断裂、渗水,横系梁与拱肋连接处破损等病害,与现在的公路运输现状不相适应,成为当前桥梁事故的主要因素。如河南省普通公路、农村公路共有双曲拱桥 1 504 座,其中危桥 1 308 座,占双曲拱桥总数的 87.62%。

(2)部分桥梁存在设计缺陷。由于受当时技术发展的局限,20 世纪五六十年代修建的少筋混凝土桥梁,80 年代修建的预应力混凝土斜拉桥、中承式和下承式吊杆拱桥,90 年代以前修建的大量钢筋混凝土和预应力混凝土中、小跨径桥梁等,有的存在构造、结构体系、施工工艺的缺陷,有的设计不成熟,还有的存在耐久性设计及施工质量等方面的情况,加之设计荷载等级低、养护与管理工作不到位,它们无法适应当前的重载交通,一些桥梁逐渐演变为危桥。如青海省建于 20 世纪七八十年代的梁式桥,其耐久性问题比较突出,前些年部分修建了较多的 20 m T 形梁结构,T 形梁底部裂缝较多,加之设计的桥面铺装薄弱,桥面受损后呈单板受力状,直接影响到主受力结构,因而存在较大的安全隐患。

(3)超限超载车辆绕行影响严重。20 世纪 90 年代后,我国公路运输和汽车工业迅速发展,交通流量增长迅速,车辆大型化的趋势不可逆转。特别是二级收费路取消收费站后,大量超限超载车辆“回归”普通干线公路、农村公路明显增加,造成普通干线公路、农村公路绕行路段桥梁病害发展迅速,危桥数量不断攀升,桥梁技术状况明显下降。河南省取消了 158 个政府还贷二级公路收费站后,全省原收费路段交通量平均上升 30% 左右,其中 30% ~50% 为超限超载车辆,治超压力骤然增大,普通干线公路桥梁面临的安全隐患更加严重,形势更加严峻。

(4)重视程度不够,基础不到位。随着近十多年来公路建设的持续加快,大量的资金、技术力量都集中到高等级公路建设上,各地普遍出现“重建轻养”的不良倾向,对桥梁养护管理工作的重视不够,投入严重不足,“养路不养桥”错误观点仍然存在,导致桥梁检测手段落后，养护力量和技术装备相对薄弱，专业人员匮乏，一些桥梁甚至处于失养状态，一定程度上加剧了危桥的形成。现有危桥中，约 93.2% 分布在农村公路上，占农村公路桥梁总数的 22% 。由于“先天不足”，管理主体不明确，养护经费得不到保障，管理技术人员严重不足，农村公路的桥梁管理和危桥问题日益突出。四川、重庆、甘肃等各省(市)普遍反映养护经费严重不足，尤其是农村公路桥梁养护技术人员匮乏，有的桥梁技术档案不齐。

(5)改造资金供需矛盾突出。目前，危桥改造资金缺口仍然较大，改造资金严重不足，危桥改造的需求量难以满足实际需求，导致安全隐患在一定时期内仍将存在。经排查，全国国省干线公路上的危桥有 6 658 座/39.3 万延米，县道中桥以上的危桥以及乡道大桥以上的危桥有 6 829 座/54.1 万延米，在不考虑危桥数量增加、物价持续上涨等因素的情况下，总改造资金约 200 亿元，按照现行交通运输部关于三年危桥改造的平均补助标准进行初步测算，还要 5 年多才能全部完成改造。

二、公路危桥及桥梁重要病害动态管理办法

(一)总则

为了加强公路危桥管理，保证通行安全，根据《中华人民共和国公路法》《中华人民共和国安全生产法》《中华人民共和国道路交通安全法》《中华人民共和国收费公路管理条例》和《公路桥涵养护规范》(JTG H11—2004)以及其他有关规章、规范性文件的规定，特制定本办法。

本办法适用于公路危桥及桥梁重要病害。

本办法所指的桥梁重要病害，是指桥梁结构的重要部位所出现的病害，即：混凝土简支桥梁跨中梁体裂缝、桥台的裂缝、沉降等；预应力 T 构挂梁牛腿部位裂缝及混凝土应力情况；预应力混凝土连续刚构跨中底板裂缝、1/4 跨腹板斜裂缝等；斜拉桥、悬索桥拉索的锚固情况，索塔、锚锭混凝土裂缝情况等；系杆拱桥系杆锚固端的病害、吊杆上下锚头及吊杆本身的病害情况等。

本办法所指危桥，是指处于危险状态，不能达到通行安全的桥梁，即符合现行《公路桥涵养护规范》(JTG H11—2004)桥梁技术状况评定标准中四、五类危险状态的桥梁，也符合下列两项指标之一的桥梁：

(1)桥梁重要部件出现严重的功能性病害，且有继续扩张的现象；关键部位的部分材料强度达到极限，出现部分钢筋断裂、混凝土压碎或压杆失稳变形的破损现象，变形大于规范值，结构的强度、刚度、稳定性和动力响应不能达到平时交通安全通行的要求。

(2)承载能力比设计降低 10% ~25% 。

各干线公路相关职能部门及所辖管理单位应当加强公路危桥的管理，落实管理责任。

相关职能部门负责所辖公路危桥及重要病害动态管理工作的领导和监督，制定有关管理制度并监督执行，批复危桥维修加固计划；负责审定公路危桥定期检查报告，安排危桥特殊检查计划并负责审定特殊检验报告，审核公路危桥维修加固改造技术方案、施工图设计文件，提出危桥维修加固建议计划，组织所属路段公路危桥及桥梁重要病害动态管理工作的检查。

各路段道路维修管养单位是危桥管理及桥梁重要病害动态管理的责任主体。存在危桥及桥梁重要病害桥梁所属的干线公路管理机构负责危桥及桥梁重要病害管理的日常工作，所属干线公路项目法人单位负责所辖路段公路危桥定期检查工作，认定公路危桥，制定并落实保障措施，实施公路特殊检查，提出维修加固的建议计划并组织实施，上报主管单位。

各路段养护部门负责所辖路段公路桥梁日常巡查、定期检查，桥梁重要病害的日常监测及病害发展的观察工作，负责第一时间发现危桥，对出现重要病害及危桥进行适时监控，并具体落实每座危桥各项维修加固等保障措施。

（二）危桥及桥梁重要病害的认定

对桥梁各部件进行评分时，按照现行《公路桥涵养护规范》（JTG H11—2004）要求，首先检查基础、墩台、支座、上部承重构件等主要构件的缺损是否影响了全桥的技术状况评定，若影响，则以四、五类的主要构件的评分为该桥评定等级；否则，以各构件权重的综合评定方法评定该桥的技术状况。

公路桥梁的定期检查时间根据公路桥梁的不同情况规定为：

（1）新建公路桥梁竣工接管养护 1 年后。

（2）一、二类公路桥梁 3 年检查一次，三类公路桥梁 9 个月检查一次，四类公路桥梁 3 个月检查一次。

（3）负责公路桥梁日常巡查、经常检查的机构和人员发现病害在三、四、五类技术状况的公路桥梁，应当立即向本办法第（三）条规定的机构报告，有关机构接到报告后要立即安排定期检查或特殊检查。

按照规定职责负责桥梁定期检查的单位应在下级申请之日起 15 日内完成桥梁定期检查，并对桥梁技术状况做出是否为危桥的评定，难以判断损坏原因的大桥或特殊结构桥梁应在进行特殊检查后通过专家论证的方式评定。若评定为危桥，向省交通行政主管部门报告认定结果，同时编写危桥评定报告。

危桥评定报告主要包括以下内容：本次定期检查数据表、病害发现的过程、采取的应急保障措施、对交通安全造成的影响、病害成因、机制分析及准备采取的保障措施等，必要时附特殊检查结果和专家论证会会议纪要。

出现特殊情况，不能在规定的时间内完成桥梁定期检查需延长时间的，干线公路主管部门向上级主管单位提出延期申请，并由相关职能部门进行协调处理。

（三）报告程序

负责桥梁定期检查的单位应在完成危桥评定 24 h 内向主管单位及省交通行政主管部门和同级人民政府报告认定，并附危桥评定报告，同时通知负责日常养护管理的公路管理机构或公路经营企业。

危桥限行、断交（禁止车辆通行）需要设置绕行路线的或干线公路需封闭一个以上车道的，报省交通行政主管部门公路管理机构批准，并通知公安交通管理部门。

按照《交通突发事件应急预案》的规定，干线公路桥梁发生多处垮塌或损坏，致使交通中断或进京公路交通中断为重大突发事件；因地震、洪水、地质灾害等不可抗拒力的自然灾害，造成较大范围多条干线公路桥梁多处垮塌或严重损坏，致使较大范围交通中断的为特大突发事件。

建立信息报告制度，所辖干线公路要严格执行24 h值班制度，严格执行紧急情况、重大情况和突发事件报告制度，保障信息报送及时、准确、全面。出现突发事件后，相关职能部门接到报告后要立即摸清情况，并在1 h内向主管领导、同级人民政府和上一级交通行政主管部门报告。同时，对于一般突发事件2 h内报告省交通行政主管部门；重大、特大突发事件1 h内报告省交通行政主管部门。

事件书面报告的主要内容：事件发生的时间、地点、路线、桥梁名称、桩号、管理单位；事件发生的简要经过、伤亡人数和初步估计的直接经济损失；事件发生的初步原因；事件发生后采取的措施及事故控制情况；事故照片；事件报告单位和联系人。

（四）保障措施

发现桥梁重要部（构）件的缺损明显达到三、四、五类技术状况后，未进行定期检查或特殊检查前，负责日常养护管理的干线公路管理机构、公路经营企业应采取应急保障措施，保证通行安全。

负责公路桥梁定期检查的单位在做出危桥评定后，提出保证通行安全的保障措施，并负责实施或者监督实施。

各干线公路主管部门对已认定的危桥必须采取保障措施及临时加固措施，发布通告，设立限载、限速标志，限制大型车辆通行危桥，提前向司乘人员发出预告。应对每座危桥制订应急预案。

对于可能发生安全事故的桥梁，要设专人严看死守，做好检测记录，保障措施尽可能减少对车辆、行人通行的影响。

断交或限载的桥梁必须设置好绕行便道或绕行路线，并合理设置断交或限载警示标志及车辆绕行预告、指示、导向等标志，避免只在桥头设置限载标志而车辆照常通行的情况出现，保障限制车辆能够顺利绕行。

干线公路主管单位应及时通知绕行路线所涉及的道路管理机构，保证通行安全及绕行路线的畅通。

采取断交绕行或限制通行措施时，应按有关规定向社会公示。

保障措施影响车辆正常通行时，应及时向公安交通管理部门通报。

（五）维修改造

干线公路法人单位或干线公路桥梁日常管养单位编报年度预算和计划时，应预留危桥管理及维修改造应急资金，确保危桥及时维修加固。

申请危桥维修改造计划时，申请单位应报送按《桥梁维修加固项目前期工作基本内容提纲》要求编制的项目前期工作资料。

采取保障措施后，各干线公路路段的管理单位组织对危桥维修加固方案的论证和设计工作，施工图设计应由具有相应资质的设计单位完成。相关职能部门配合设计方案的审查及技术方案的研究，需检测的应由具有相应资质的单位完成。

危桥维修改造工程应严格按公路大中修工程的规定进行管理，开工前须完成施工图审批，竣工后应及时组织验收，并按有关规定接管养护。

根据《中华人民共和国收费公路管理条例》中“收费公路经营管理者保证公路处于良

好的技术状态”的规定，在经营性收费公路上一律不得出现危桥。

按照《中华人民共和国收费公路管理条例》的规定，对所辖干线公路桥梁的养护管理情况组织监督检查。

检查为每年一次，也可以不定期组织检查。检查中发现有三、四、五类桥梁的，按照《中华人民共和国收费公路管理条例》规定的职责限期采取措施。

（六）责任追究

对危桥管理负有管理职责的单位的工作人员，有下列行为之一的按照《中华人民共和国安全生产法》的规定给予行政处分，构成犯罪的，移交司法机关追究刑事责任：

（1）没有按照规定进行桥梁经常检查、在经常检查过程中应当发现问题因玩忽职守而没有发现或者发现后没有及时上报的。

（2）应当安排桥梁定期检查而没有及时安排、完成或者在桥梁定期检查中应当发现问题因玩忽职守而没有发现以及发现后没有及时上报的。

（3）对确定为危桥的桥梁应当采取措施而没有采取或者采取措施不及时、不力的。

（4）危桥坍塌造成人员财产损失，对此负有责任的。

（5）对干线公路进行监督检查或者采取强制措施履行职责不利的。

各干线公路的决策机构、主要负责人因管理不善出现危桥并引发交通事故的，按照《中华人民共和国安全生产法》的规定予以处理。

参考文献

[1] 中华人民共和国交通运输部. 公路桥涵养护规范:JTG H11—2004[S]. 北京:人民交通出版社,2004.

[2] 中华人民共和国交通运输部. 公路养护技术规范:JTG H10—2009[S]. 北京:人民交通出版社,2009.

[3] 中华人民共和国交通运输部. 公路桥梁技术状况评定标准:JTG/T H21—2011[S]. 北京:人民交通出版社,2011.

[4] 中华人民共和国交通运输部. 公路技术状况评定标准:JTG H20—2011[S]. 北京:人民交通出版社,2007.

[5] 中华人民共和国交通运输部. 公路工程质量检验评定标准 第一册 土建工程:JTG F80/1—2017[S]. 北京:人民交通出版社,2017.

[6] 中华人民共和国交通运输部. 公路桥涵设计通用规范:JTG D60—2015[S]. 北京:人民交通出版社,2015.

[7] 中华人民共和国交通运输部. 公路钢筋混凝土及预应力混凝土桥涵设计规范:JTG 3362—2018[S]. 北京:人民交通出版社,2018.

[8] 中华人民共和国交通运输部. 公路桥涵地基与基础设计规范:JTG D63—2007[S]. 北京:人民交通出版社,2007.

[9] 中华人民共和国交通运输部. 公路桥涵施工技术规范:JTG/T F50—2011[S]. 北京:人民交通出版社,2011.

[10] 中华人民共和国交通运输部. 公路工程技术标准:JTG B01—2014[S]. 北京:人民交通出版社,2014.

[11] 中华人民共和国交通运输部. 公路桥梁加固设计规范:JTG/T J22—2008[S]. 北京:人民交通出版社,2008.

[12] 中华人民共和国交通运输部. 公路桥梁加固施工技术规范:JTG/T J23—2008[S]. 北京:人民交通出版社,2008.

[13] 交通运输部公路科学研究院. 公路桥梁承载能力检测评定规程:JTG/T J21—2011[S]. 北京:人民交通出版社,2011.

[14] 项贻强,唐国斌. 混凝土箱梁桥开裂机理及控制[M]. 北京:中国水利水电出版社,2010.

[15] 梁全富,邵景干. 体外横向预应力加固简支空心板梁桥技术[M]. 北京:中国建筑工业出版社,2007.

[16] 张劲泉,魏洪昌,徐岳,等. 公路旧桥加固成套技术及工程实例[M]. 北京:人民交通出版社,2007.

[17] 张劲泉,李万恒,任红伟,等. 公路旧桥承载力评定办法及工程实例[M]. 北京:人民交通出版社,2007.

[18] 郭晓媛. 加固后桥梁技术状况的评估方法研究[D]. 南宁:广西大学,2013.

[19] 张彦秋,尤立霞. 我国危桥存在的主要问题及原因分析[J]. 科技向导,2013(29):186.

[20] 全恩懋. 石拱桥加固后承载能力评估方法研究[D]. 重庆:重庆交通大学,2012.

[21] 武同乐. 桥梁加固后评价方法研究[D]. 西安:长安大学,2003.

[22] 河南省交通运输厅公路管理局. 预应力混凝土梁桥结构检测、加固关键技术研究[R]. 郑州:河南省交通运输厅公路管理局,2009.

[23] 张劲泉,李万恒. 我国公路旧桥存在的问题及技术评价状况[J]. 交通建设与管理,2006(12):59-63.

[24] 张劲泉. 我国公路桥梁检测评价与加固技术的现状与发展[DB/OL]. http://www.doc88.com/p-793377378114.html,2012-02-15.